我
思

敢于运用你的理智

禅解儒道丛书

[明] 蕅益 著 ◎ 江谦（补注） 梅愚（点校）

四书蕅益解

长江出版传媒

崇文书局

圖書在版編目（CIP）數據

四书蕅益解 ／（明）蕅益著；江谦补注；梅愚点校
. -- 武汉 ：崇文书局，2015.9（2025.5 重印）
ISBN 978-7-5403-3995-1

Ⅰ．①四… Ⅱ．①蕅… ②江… ③梅… Ⅲ．①四书—
研究 Ⅳ．① B222.15

中国版本图书馆 CIP 数据核字（2015）第 198636 号

四书蕅益解
SISHU OUYI JIE

策 划 人　梅文辉（mwh902@163.com）
责任编辑　梅文辉　李佩颖
封面设计　宋雪梅
责任印制　李佳超
出版发行　长江出版传媒　崇文书局
地　　址　武汉市雄楚大街 268 号 C 座 11 层
电　　话　（027）87679712　　邮政编码　430070
印　　刷　武汉中科兴业印务有限公司
开　　本　880mm×1230mm　1/32
印　　张　7.5
字　　数　110 千
版　　次　2015 年 9 月第 1 版
印　　次　2025 年 5 月第 9 次印刷
定　　价　26.00 元
（读者服务电话：027—87679738）

整理说明

一、本书以 1989 年台湾佛教书局刊印的《蕅益大师全集》第十九册所收的《四书蕅益解》为底本，其中江谦的补注一并收入。

二、原书为繁体竖排，文中已有分段；今改为简体（为避免歧义，保留了若干异体字、通假字）横排，并依文义对原有分段予以细化，且施以现代标点。校正字词有讹误者，于脚注中标出。

三、书中《论语》《中庸》《大学》原文依据憨山的"解"进行句读。

四、《四书蕅益解》原包括《论语点睛》《中庸直指》《大学直指》《孟子择乳》，惜《孟子择乳》已失传，今于目录中存此书名。

五、《论语》共二十篇，每一篇又含若干章，蕅益的分章与何晏《论语集解》、朱熹《论语集注》的分章略有不同，本书在蕅益所分的每一章前添加篇和章的序号，如"1.1"表示《论语》原文的第一篇之第一章。蕅益将《中庸》和《大学》原文分为若干节，本书在每一节前添加序号。

目　录

四书蕅益解序

蕅益子年十二，谈理学而不知理；年二十，习玄门而不知玄；年二十三，参禅而不知禅；年二十七，习律而不知律；年三十六，演教而不知教。逮大病几绝，归卧九华，腐滓以为馔，糠粃以为粮，忘形骸，断世故，万虑尽灰，一心无寄。然后知儒也，玄也，佛也，禅也，律也，教也，无非杨叶与空拳也。随婴孩所欲而诱之，诱得其宜，则哑哑而笑；不得其宜，则呱呱而泣。泣笑自在婴孩，于父母奚加损焉，顾儿笑，则父母喜；儿泣，则父母忧。天性相关，有欲罢而不能者。"伐柯伐柯，其则不远"，今之诱于人者，即后之诱人者也。倘犹未免随空拳、黄叶而泣笑，其可以诱他乎？

维时彻因比丘，相从于患难颠沛，律学颇谙，禅观未了，屡策发之，终隔一膜。爰至诚请命于佛，卜以数阄，须藉《四书》，助显第一义谛。遂力疾为拈大旨，笔而置诸笥中，屈指复十余年，彻因比丘，且长往矣。嗟嗟！事迈人迁，身世何实？见闻如故，今古何殊？变者未始变，而不变者亦未始不变，尚何存于一分无常、一分常之边执也哉？

今夏述成《唯识心要》，偶以余力，重阅旧稿，改窜其未妥，增补其未备。首《论语》，次《中庸》，次《大学》，后《孟子》。《论语》，为孔氏书，故居首。《中庸》《大学》，皆子思所作，故居次。子思先作《中庸》，《戴礼》列为第三十一，后作《大学》，《戴礼》列为第四十二，所以章首"在明明德"，承前章末"子怀明德"而言，本非一经十传，旧本亦无错简，王阳明居士已辨之矣。孟子学于子思，故居后。解《论语》者曰"点睛"，开出世光明也；解《庸》《学》者曰"直指"，谈不二心源也；解《孟子》者曰"择乳"，饮其醇而存其水也。

佛祖圣贤，皆无实法系缀人，但为人解粘去缚，今亦不过用楔出楔，助发圣贤心印而已。若夫趋时制艺，本非予所敢知，不妨各从所好。

丁亥孟冬九日古吴西有道人智旭漫识
时在顺治四年

四书蕅益解重刻序

道在人心，如水在地，虽高原平地，了不见水，苟穴土而求之，无不得者。水喻吾心固有之明德，土喻吾心幻现之物欲，果能格物致知，无有不能明其明德者。然穴土取水，人无不施功求之，以非水不能生活故也。而道本心具，人多不肯施功，致物欲锢蔽真知，不知希圣希贤，甘心自暴自弃，由兹丧法身以失慧命，生作走肉行尸，死与草木同腐，可不哀哉！

《四书》者，孔门上继往圣，下开来学，俾由格物致知以自明其明德，然后推而至于家国天下，俾家国天下之人，各皆明其明德之大经大法也。前乎此者，虽其说之详略不同，而其旨同；后乎此者，虽其机之利钝有异，而其效无异。诚可谓"先天而天弗违，后天而奉天时"，万世师表，百代儒宗也。其大纲在于明明德修道，其下手最亲切处，在于格物慎独、克己复礼、主敬存诚。学者果能一言一字皆向自己身心体究，虽一介匹夫，其经天纬地，参赞化育之道，何虽得自本心。俾圣贤垂训，一番苦心，不成徒设，而为乾坤大父大母增光，不愧与天地并称三才，可不自勉乎哉！

如来大法，自汉东传，至唐而各宗悉备，禅道大兴，高人林立，随机接物。由是濂、洛、关、闽以迄元明诸儒，各取佛法要义以发挥儒宗，俾孔颜心法，绝而复续。其用静坐参究以期开悟者，莫不以佛法是则是效，故有功深力极，临终豫知时至，谈笑

3

坐逝者甚多。其诚意正心，固足为儒门师表，但欲自护门庭，于所取法者，不唯不加表彰，或反故为辟驳，以企后学尊己之道，不入佛法。然亦徒为是举，不思己既阴取阳排，后学岂无见过于师之人，适见其心量狭小，而诚意正心之不无罅漏也，深可痛惜。

明末蕅益大师，系法身大士，乘愿示生。初读儒书，即效先儒辟佛，而实未知佛之所以为佛；后读佛经，始悔前愆，随即殚精研究，方知佛法乃一切诸法之本。其有辟驳者，非掩耳盗铃，即未见颜色之瞽论也。遂发心出家，弘扬法化，一生注述经论四十余种，卷盈数百，莫不言言见谛，语语超宗，如走盘珠，利益无尽。又念儒宗上焉者取佛法以自益，终难究竟贯通；下焉者习词章以自足，多造谤法恶业。中心痛伤，欲为救援，因取《四书》《周易》以佛法释之，解《论语》《孟子》则略示大义，解《中庸》《大学》，则直指心源。盖以秉法华开权显实之义，以圆顿教理，释治世语言，俾灵山泗水之心法，彻底显露，了无余蕴。其取佛法以自益者，即得究竟实益；即专习词章之流，由兹知佛法广大，不易测度，亦当顿息邪见，渐生正信，知格除物欲，自能明其明德。由是而力求之，当直接孔颜心传，其利益岂能让宋元明诸儒独得也已。

近来各界眼界大开，天姿高者，无不研究佛法，一唱百和，靡然风从。既知即心本具佛性，无始无终，具足常、乐、我、净真实功德，岂肯当仁固让，见义不为，高推圣境，自处凡愚乎哉？以故伟人名士，率多吃素念佛，笃修净业，企其生见佛性，死生佛国而已。

施调梅、蔡禹泽、李筱和、陈鲁德、叶伯龄、彭笑潮、郁九龄居士等，宿具灵根，笃信佛法。一见《四书蕅益解》，不胜欢喜，谓此书直指当人一念，大明儒释心法，于世出世法，融通贯彻。俾上中下根，随机受益，深则见深，不妨直契菩提；浅则见浅，亦可渐种善根。即欲刊板，用广流通，以此功德，恭祝现在椿萱，寿登期颐，百年报尽，神归安养；过去父母，宿业消除，蒙佛接引，往生净土。祈序于光，企告来哲。光自愧昔作阐提，毁谤佛法，以致业障覆心，悟证无由，喜彼之请，企一切人于佛法中咸生正信，庶可业障同消，而心光俱皆发现矣。《周易禅解》，金陵已刻；《孟子择乳》，兵燹后失传。杨仁山居士，求之东瀛，亦不可得，惜哉！

中华民国九年庚申孟夏常惭愧僧释印光撰

论语点睛补注序

孔子没，而微言绝；七十子丧，而大义乖。其信然乎？汉儒明于训诂典章，宋儒明于世法义理，皆各有功后来，而于圣言之量未尽也。明蕅益大师以佛知见为《四书解》，而佛儒始通，微言始显，真解也，亦圆解也。《四书解》者，一《论语点睛》，二《中庸直指》，三《大学直指》，四《孟子择乳》，《择乳》亡于兵燹，惜哉！于是印光法师，亟取前之三种，序印而流通之。

不慧以《论语》理深语简，佛法广大精微，学者未易知也，于蕅师所未及未详者，更为补注以明之。夫“点睛”则圆照之体相用全矣，今所补者，但东云一鳞，西云一爪之敷云尔。或曰：“朱子《集注》无取乎？”曰：“焉得无取。”朱子《集注》，阐世间义理者也，可师也。其采时贤之说，毁佛正法，使人不悟本来佛性，不信因果轮回，善无以劝，恶无以惩，小人无所忌惮，佛教衰而儒教亦熄，此天下大乱所由生也，不可从也。朱子去今千年矣，其精进当不可思议，岂尚拘囊时成见乎？

蕅师此解，开出世光明者也，而不离世间法。使人了知本来佛性，深信因果轮回，敦伦而尽分，畏恶而迁善，涤染而修净。佛教昌而儒教益显，非但天下大治所由始，而亦作佛菩萨圣贤自度度他，俾久塞得通，久苦得乐之津梁也。人身难得，佛法难闻，闻世间超世间不二之法尤难，学者其敬受之哉！

民国二十三年甲戌季春阳复居士江谦谨述

6

论语点睛补注上

学而第一

1.1 子曰："学而时习之，不亦说乎？有朋自远方来，不亦乐乎？人不知而不愠，不亦君子乎？"

此章以"学"字为宗主，以"时习"二字为旨趣，以"悦"字为血脉。"朋来"及"人不知"，皆是时习之时；"乐"及"不愠"，皆是"说"之血脉无间断处。

盖人人本有灵觉之性，本无物累，本无不说，由其迷此本体，生出许多恐惧忧患。今学，即是始觉之智，念念觉于本觉，无不觉时，故名"时习"。无时不觉，斯无时不说矣。

此觉原是人所同然，故朋来而乐；此觉原无人我对待，故不知不愠。夫能历朋来、人不知之时，而无不习、无不说者，斯为君子之学。若以知不知二其心，岂孔子之所谓"学"哉？

补注 或问："学者觉也，但觉悟心性，不求之事物，有济乎？"

曰："圆觉之人，知天下一切事物皆吾心也。一事未治，一物未安，则是吾心未治未安也。治之安之，悦可知矣。故《大学》言'致知在格物'，又言'物格而后知至'。学，是致知；时习之，则格物之功也。安有弃物蹈空之弊乎？弃物蹈空，非觉者也。"

格物之本，即是修身，故"自天子至于庶人，壹是皆以修身为本"。一身果修，多身化之，故朋自远来，与人同乐。有未化者，是吾心之诚未至也，但当反求诸己，故人不知而不愠。至诚无息，则君子也，君子即《易》所谓"大人"。修身齐家治国平天下，人人有责，位虽不同，其有事则同也，故曰"不亦君子乎"。

1.2 有子曰："其为人也孝弟，而好犯上者，鲜矣；不好犯上，而好作乱者，未之有也。君子务本，本立而道生。孝弟也者，其为仁之本与！"

为仁，正是为人；不仁，便不可为人矣。作乱之本，由于好犯上；犯上之本，由于不孝弟；不孝弟，由于甘心为禽兽。若不肯做衣冠禽兽，必孝弟以为人；为人，即仁义礼智自皆具足。故孝弟，是仁义礼智之本。盖孝弟，是良知良能；良知良能，是万事万物之本源也。

补注 论性则仁为孝弟之本，论修则孝弟为为仁之本。天下大乱之原，自不孝不弟始，孝弟则仁慈兴而乱机息矣。然则兴孝弟之道奈何？曰："上老老而民兴孝，上长长而民兴弟，上恤孤而民不倍。"不孝不弟之人而居上位，天下大乱所由生也；孝弟之人而居上位，天下大治所由生也。

《孝经》云"孝弟之至，通于神明，光于四海"，至仁莫如佛。佛之发大誓愿，普度众生，以众生皆过去之父母六亲也。孝弟之至，报恩之大，无过是矣。

1.3 子曰："巧言令色，鲜矣仁！"

巧言，口为仁者之言也。令色，色取仁也。仁是心上工夫，若向言色处下手，则愈似而愈非。

1.4 曾子曰："吾日 以 三 事而 省吾身。为人谋，而不忠乎？与朋友交，而不信乎？传，不习乎？"

三事，只是己躬下一大事耳。倘有人我二相可得，便不忠信；倘非见过于师，便不能习。此是既唯"一以贯之"之后，方有此真实切近功夫。

1.5 子曰："道千乘之国，敬事而信，节用而爱人，使民以时。"

五者，以敬事为主；敬事，又从敬止功夫得来。

1.6 子曰："弟子，入则孝，出则弟，谨而信，泛爱众，而亲仁。行有余力，则以学文。"

养蒙，莫若学问；学问，不过求放心；求放心，莫若格物致知。孝弟、谨信乃至学文，皆格物致知之功也。直教一切时，文行合一而修，不是先行后文。盖文是道统所寄，孝弟忠信等即是文之实处，故曰"文王既没，文不在兹乎"。若仅作六艺释之，陋矣！

1.7 子夏曰："贤贤，易色。事父母，能竭其力；事君，能致其身；与朋友交，言而有信。虽曰未学，吾必谓之学矣。"

贤贤，不但是好贤，乃步步趋趋之意。盖自置其身于圣贤之列，此即学之本也。事亲、事君、交友，皆躬行实践，克到圣贤自期待处，所以名为实学。

补注 易色，谓无我相人相也。人之有技若己有之，自他不二，故曰"易色"。有我相人相，则妒贤嫉能之心生矣。

1.8 子曰："君子不重，则不威；学则不固。主忠信。无友不如己者。过，则勿惮改。"

期心于大圣大贤，名为自重；戒慎恐惧，名为威；始觉之功，有进无退，名为学固。倘自待稍轻，便不能念念兢业惕厉，而暂觉还迷矣，此直以不重，为根本病也。

忠则直心、正念、真如，信则的确知得自己可为圣贤，正是自重之处。既能自重，更须亲师取友，勇于改过。此三，皆对证妙药也。故知今之悦不若己、惮于改过者，皆是自轻者耳。又主忠信，是良药；友不如，惮改过，是药忌。

补注 真实修行，须从心性悟入，从忠信立身，从忏悔起行。知自性无量无边，不生不灭，则誓成正觉，誓度众生。横遍十方故重，竖穷三际故威。知人道不修，他道难修，一失人身，万劫难复，则当戒慎恐惧，精进不退，故学日固。

知自性无邪故忠，知自性无妄故信。知善恶净染，皆由缘生，故当友下之善士，又尚友古之人，而无友不如己者。无友者，见不贤而内自省也。知多生罪暗，忏炬能消，故过则勿惮改，以期障云尽而慧日明。唐悟达国师"三昧水忏"，梁武皇"慈悲道场忏法"，皆忏罪修行之大导师也。

1.9　曾子曰："慎终追远，民德归厚矣。"

厚，是本性之德。复其本性。故似归家。

补注　知真性无量无边，不生不灭，则知民德本厚；流于薄者，习为之也。教民慎终追远，其事甚多，不但丧尽其礼、祭尽其诚而已。言其小者，如一粥一饭，当思来处不易，便是追远；饭食已讫，一箸一器，必安放整齐，便是慎终。言其大者，如弘扬净土法门，教人临命终时，一心念佛，求生净土，是真慎终；发弘誓愿，普度众生，以报多生多劫父母养育之恩，是真追远。

然非教天下人民皆悉归依三宝，安能归其本厚之性德乎？三宝者，佛法僧也。佛是自觉觉他，觉行圆满之果位；法是脱苦得乐，去染修净之良方；僧是绍隆佛种，弘扬正法之菩萨、罗汉、诸圣贤也。

1.10　子禽问于子贡曰："夫子至于是邦也，必闻其政，求之与？抑与之与？"子贡曰："夫子温、良、恭、俭、让以得之。夫子之求之也，其诸异乎人之求之与。"

此可与"美玉章"参看。子贡以"沽"与"藏"为问，夫子再言"沽"之，只是"待价"二字，便与寻常沽法不同。今子禽以"求"并"与"为问，子贡亦言"求"之，只是说出温、良、恭、俭、让五字，便与寻常求法不同。

若竟说不求不沽，则与巢、许何别？若竟说求之沽之，则与功名之士何别？若知舜禹有天下而不与焉，颜子居陋巷而非置斯民于度外，则知富强礼乐，春风沂水，合则双美，离则两偏矣。

补注 子贡圣门言语之选，不但赞孔子入妙，其论因果亦甚精。温则人亲之，良则人信之，恭则人敬之，俭则人便之，让则人与之，故至于是邦，必闻其政。世间一切得失祸福，皆是自因自果，自作自受，故君子求诸己，不愿乎其外。《大学》言"自天子以至于庶人，壹是皆以修身为本"，小人不信因果，不务修身，舍己而求人，行险以徼幸，求之不得，则怨天尤人，而为恶为乱无所不至矣。

1.11 子曰："父在，观其志；父没，观其行。三年无改于父之道，可谓孝矣。"

此总就孝道上说。观其志，观其事父之心也；观其行，观其居丧之事也。

1.12 有子曰："礼之用，和为贵。先王之道，斯为美，小大由之。有所不行，知和而和，不以礼节之，亦不可行也。"

由之，由其本和之礼也。不行者，废礼而尚和。礼不行，而和亦不可行也。

补注 "有所不行，知和而和"二句，是说明上文之意。谓礼有所不行者，知和而得行矣，故礼之用和为贵，先王之道斯为美，而小事大事无不由之也。

然不以礼节之，则是同乎流俗、合乎污世之乡原，不得谓之和，亦决不可行也。故小人同而不和，君子则非礼勿视，非礼勿听，非礼勿言，非礼勿动，发而皆中节，故君子和而不同也。有所不行者，谓可行之道，而有所窒碍，未之能行；不可行者，谓乡原小人之道，必不可行也。

和者，平等观也；礼者，差别观也。于平等知差别，于差别知平等，则中道圆观也。若偏于差别，或偏于平等，而欲以强力行之，其为祸于天下，不可胜言矣。

1.13 有子曰："信近于义，言可复也。恭近于礼，远耻辱也。因不失其亲，亦可宗也。"

欲慎终者，全在谋始。只贵可复可宗，不必定复定宗。

1.14 子曰："君子食无求饱，居无求安，敏于事而慎于言，就有道而正焉，可谓好学也已。"

敏事，如颜子之请事斯语，惟此一事，更非余事也。慎言，即所谓仁者其言也讱，从敏事处得来，不是两橛。就正有道，是慕道集义；不求安饱，是箪瓢陋巷家风。非颜子不足以当此，故惟颜子好学。

1.15 子贡曰："贫而无谄，富而无骄，何如？"子曰："可也。未若贫而乐，富而好礼者也。"

子贡曰："《诗》云'如切如磋，如琢如磨'，其斯之谓与？"子曰："赐也，始可与言《诗》已矣，告诸往而知来者。"

子贡之病在愿息，又在悦不若己，故因其所明而通之。告往、知来，全是策进他处。道旷无涯，哪有尽极，若向乐与礼处坐定，便非知来矣。

1.16 子曰："不患人之不己知，患不知人也。"

自利，则亲师取友，必要知人；利他，则应病与药，尤要知人。

为政第二

2.1 子曰："为政以德，譬如北辰，居其所，而众星共之。"

为政以德，不是以德为政，须深体此语脉。盖自正正他，皆名为政。以德者，以一心三观，观于一境三谛，知是性具三德也。三德秘藏，万法之宗，不动道场，万法同会，故譬之以北辰之居所。

补注 三谛者，天然之性德也。真谛者，泯一切法；俗谛者，立一切法；中谛者，统一切法。修行者，依于真谛而起空观，依于俗谛而起假观，依于中谛而起中道圆观。此三观者，三世诸佛之心印也。尧舜禹授受，"惟精惟一、允执厥中"之心法，亦即此三观。惟一即空观，惟精即假观，允执厥中即空假双照之中观也。故尧舜垂衣裳而天下治。

北辰即上帝之所居，上帝居须弥山顶，吾人所居之赡部洲在须弥山南，故称之曰"北辰"。实则一小世界，东西南北四天下之中枢也。日月众星，皆环绕须弥山腰而行，故曰"拱之"。

为政以德，则正己而物自正，不言而民信，不动而民敬，不怒而民威于铁钺。又上老老而民兴孝，上长长而民兴弟，上恤孤而民不倍，故取譬于北辰，居其所而众星拱之也。

2.2 子曰："《诗》三百，一言以蔽之，曰'思无邪'。"

此指示一经宗要，令人随文入观，即闻即思即修也。若知《诗》之宗要，则知千经万论，亦同此宗要矣。

补注 思，妄心也。无邪，真心也。《诗》三百篇，皆妄心所成，妄依真有，真妄不二。解此义者，全妄成真，黄花翠竹，皆是真如；纸画木雕，无非真佛。故曰"思无邪"也。

2.3 子曰："道之以政，齐之以刑，民免而无耻；道之以德，齐之以礼，有耻且格。"

五霸虽驾言于德礼，总只政刑；帝王虽亦似用政刑，无非德礼。盖德礼，从格物诚意中来，孟子所谓"集义所生"；政刑，徒贤智安排出来，孟子所谓"义袭而取"也。

2.4 子曰："吾十有五而志于学，三十而立，四十而不惑，五十而知天命，六十而耳顺，七十而从心所欲，不逾矩。"

只一"学"字到底。学者，觉也。念念背尘合觉，谓之志；觉不被迷情所动，谓之立；觉能破微细疑网，谓之不惑；觉能透真妄关头，谓之知天命；觉六根皆如来藏，谓之耳顺；觉六识皆如来藏，谓之从心所欲不逾矩，此是得心自在。

若欲得法自在，须至八十、九十，始可几之，故云："若圣与仁，则吾岂敢。"此孔子之真语实语，若作谦词解释，冤却大圣一生苦心。

返闻闻自性，初须入流亡所，名之为"逆"。逆极而顺，故名"耳顺"，即闻所闻尽，分得耳门圆照三昧也。

补注 眼耳鼻舌身意为六根，眼识耳识鼻识舌识身识意识为六识，如来藏即佛性，亦即无量无边、不生不灭、不变随缘、随缘不变之妙真如心也。真者不妄，如者不变，妙者不可思议也。

入流亡所，即返闻闻自性。逆随缘之流，顺不动之性，性体不动，故能闻所闻俱尽也，是谓圆照三昧。三昧者，正定之法门也。

2.5 孟懿子问孝。子曰："无违。"

樊迟御，子告之曰："孟孙问孝于我，我对曰'无违'。"樊迟曰："何谓也？"子曰："生，事之以礼；死，葬之以礼，祭之以礼。"

克己复礼，方能以礼事亲。违礼，即非孝矣。

补注 一部《孝经》，三言尽之。礼之大者，无过于劝亲戒杀，免堕恶道，念佛求生净土。

阳复斋《劝提倡素食诗》云：果蔬百谷各芬芳，种种烹调恣啖尝。何苦刀头结冤业，不辞世世变猪羊。欲将宰割报亲恩，转送双亲地狱门。岂料孝思成毒计，愚生真是可怜虫。数百亡灵哭震天，阿难问佛佛宣言。杀生设祭资冥福，岂意翻成恶道缘。佛与阿难在河边行，见五百饿鬼，歌吟而前，阿难问佛。佛言："其家子孙，为彼修福，当得解脱，是以歌舞。"又见数百好人，啼哭而过，阿难又问。佛言："彼家子孙，为其杀生设祭，后有大火逼之，是以啼哭。"见《大藏一览》。

三年饘粥报亲恩，自古君民一例同。汉室何缘废昌邑，居丧私自馔鸡豚。汉迎昌邑王入绍帝位，因居丧不素食，奉太后诏废免。见《霍光传》。孟子言："三年之丧，饘粥之食，自天子达于庶人。"

阳明素食尊丧礼，特为甘泉设一肴。归去遗书犹切责，俗儒何忍恣烹炮。明王阳明为湛甘泉自远来吊，特设一肉，甘泉切责之。见《阳明文集》。

若能劝亲念佛，或为亲念佛，求生净土，永脱轮回，尤为大孝。莲池大师云："亲得离尘垢，子道方成就。"真至言也。

2.6 孟武伯问孝。子曰："父母惟其疾之忧。"

此等点示，能令有人心者痛哭。

补注 其，谓父母也。唯父母致疾之忧，则必竭诚尽敬，和气婉容，以事其亲矣；修身立行，扬名后世，以慰其亲矣。孔子之答问孝诸章，孟子所谓"养志"，所谓"唯顺于父母"。可以解忧，皆是唯其疾之忧之心推之也。

2.7 子游问孝。子曰："今之孝者，是谓能养。至于犬马，皆能有养。不敬，何以别乎？"

以犬马养，但养口体。能养志者，乃名为敬。

2.8 子夏问孝。子曰："色难。有事，弟子服其劳；有酒食，先生馔，曾是以为孝乎？"

根于心而生于色，孝在心而不独在事也。

2.9 子曰："吾与回言终日，不违如愚。退而省其私，亦足以发，回也不愚。"

私者，人所不见之地，即慎独"独"字。惟孔子具他心道眼，能于言语动静之际，窥见其私，故曰："回也，其心三月不违仁。"退，非颜子辞退，乃孔子退而求之于接见问答之表耳。

2.10 子曰："视其所以，观其所由，察其所安，人焉廋哉？人焉廋哉？"

己之所以、所由、所安，千停百当，则人之所以、所由、所安，不难视、观、察矣。故君子但求诸己，如磨镜然。

2.11 子曰："温故而知新，可以为师矣。"

观心为温故，由观心故，圆解开发；得陀罗尼，为知新。盖天下莫故于心，亦莫新于心也。

补注 陀罗尼，印度语，译云能持，又云能遮，持善令不失，遮恶令不生也。温故者，明其不变之体；知新者，妙其随缘之用。温故是正念真如，知新是善行方便。

2.12 子曰："君子不器。"

形而上者谓之道，形而下者谓之器。乾坤太极，皆器也。仁者见之谓之仁，智者见之谓之智，无非器也。况瑚琏斗筲，而非器哉？李卓吾云："下学而上达，便是不器。"此言得之。

2.13 子贡问君子。子曰："先行其言，而后从之。"

说得一丈，不如行得一尺，正是此意。

2.14 子曰："君子周而不比，小人比而不周。"

生缘、法缘、无缘三慈，皆是周；爱见之慈，即是比。

2.15 子曰："学而不思则罔，思而不学则殆。"

学而不思，即有闻无慧；思而不学，即有慧无闻。罔者，如人数他宝，自无半钱分也；殆者，如增上慢人，堕坑落堑也。

2.16 子曰："攻乎异端，斯害也已。"

端，头绪也。理本不异，但头绪一差，则天地悬隔。

补注 佛老孔三教，皆有正道与末流异端之分。攻乎异端，则自害害他，可不慎乎？

2.17 子曰："由！诲女知之乎？知之为知之，不知为不知，是知也。"

子路向能知所知上用心，意谓无所不知，方名为知，不是强不知以为知也。此则向外驰求，全昧知体，故今直向本体点示，只要认得自己真知之体，更无二知。此与"知见立知，即无明本；知见无见，斯即涅槃"之旨参看，方见圣人道脉之妙。若舍此而别求知，不异丙丁童子求火，亦似骑牛觅牛矣。

2.18 子张学干禄。子曰："多闻阙疑，慎言其余，则寡尤；多见阙殆，慎行其余，则寡悔。言寡尤，行寡悔，禄在其中矣。"

何日无闻，何日无见，闻见不患不多，患不能阙疑殆，慎言行耳。禄在其中，是点破天爵天禄，乃吾人真受用处。若作有得禄之道解释，陋矣陋矣。

补注 干禄谓求福也。言是口业，行是身业，慎是意业，身口意三业勤修，外则寡尤，内则寡悔，即是自求多福，故曰"禄在其中"。多闻多见，而不能阙疑阙殆，随波而流，随风而靡，则灾祸堕落之所由来也，可不慎与？

2.19 哀公问曰："何为则民服？"孔子对曰："举直错诸枉，则民服；举枉错诸直，则民不服。"

惟格物诚意之仁人，为能举直错枉。可见民之服与不服，全由己之公私，不可求之于民也。

2.20 季康子问："使民敬、忠以劝，如之何？"子曰："临之以庄，则敬；孝慈，则忠；举善而教不能，则劝。"

临庄，从知及仁守发源，知及仁守，是致知诚意耳。孝慈，举善教不能，皆是亲民之事，皆是明德之所本具。可见圣门为治，别无岐路。此节三个"则"字，上节两个"则"字，皆显示感应不忒之机，全在自己。

2.21 或谓孔子曰："子奚不为政？"子曰："《书》云'孝乎惟孝，友于兄弟，施于有政'，是亦为政，奚其为为政？"

此便是"为政以德"。

2.22 子曰："人而无信，不知其可也。大车无輗，小车无軏，其何以行之哉？"

不信自己可为圣贤，如何进德修业？

2.23 子张问："十世可知也？"子曰："殷因于夏礼，所损益，可知也；周因于殷礼，所损益，可知也。其或继周者，虽百世，可知也。"

知来之事，圣人别有心法，与如来性具六通相同，如明镜无所不照，非外道所修作意五通可比也。

子张骛外，尚未能学孔子之迹，又安可与论及本地工夫？故直以礼之损益答之。然礼之纲要，决定不可损益，所损益者，因时制宜，随机设教之事耳。若知克己复礼为仁，则知实智；若知随时损益之致，则知权智。既知权实二智，则知来之道，不外此矣。言近指远，善哉善哉！

补注 礼，有理有事。不可损益者，理也；所可损益者，事也。故虽百世可知也。

2.24 子曰："非其鬼而祭之，谄也。见义不为，无勇也。"

骂得痛切，激动良心。

八佾第三

3.1 孔子谓："季氏八佾舞于庭，是可忍也，孰不可忍也？"

卓吾[①]云："季氏要哭。"

3.2 三家者以《雍》彻。子曰："'相维辟公，天子穆穆'，奚取于三家之堂？"

卓吾云："三家要笑。"

3.3 子曰："人而不仁,如礼何？人而不仁,如乐何？"

世人虽甘心为不仁，未有肯甘弃礼乐者。但既弃仁，即弃礼乐，故就其不肯弃礼乐处，唤醒之也。

卓吾云："季氏三家，哭不得，笑不得。"

3.4 林放问礼之本。子曰："大哉问！礼，与其奢也，宁俭；丧，与其易也，宁戚。"

---

① 卓吾即李贽(1527—1602)，著有《四书评》,《论语点睛》引用《四书评》达九十多处。

俭非礼之本，而近于本，故就此指点，庶可悟本。

3.5 子曰："夷狄之有君，不如诸夏之亡也。"

此痛哭流涕之言也。呜呼！可以中国而不如夷乎？

3.6 季氏旅于泰山。子谓冉有曰："女弗能救与？"对曰："不能。"子曰："呜呼！曾谓泰山，不如林放乎？"

卓吾云："季氏闻之，不胜扯淡，便是夫子救季氏处。"

3.7 子曰："君子无所争，必也射乎。揖让而升，下而饮，其争也君子。"

必也射乎，正是君子无所争处。

3.8 子夏问曰："'巧笑倩兮，美目盼兮，素以为绚兮'，何谓也？"子曰："绘事后素。"

曰："礼后乎？"子曰："起予者，商也。始可与言《诗》已矣。"

素以为绚，谓倩盼是天成之美，不假脂粉，自称绝色也。人巧终逊天工，故曰"绘事后素"。"后"者，落在第二义之谓，非素质后加五采之解。礼后乎者，直斥后进之礼为不足贵，亦非先后之后。

卓吾云："与言《诗》，非许可子夏也，正是救礼苦心处。"

25

3.9 子曰："夏礼吾能言之，杞不足征也；殷礼吾能言之，宋不足征也。文献不足故也。足，则吾能征之矣。"

无限感慨。

3.10 子曰："禘，自既灌而往者，吾不欲观之矣。"

方外史①曰："禅自白椎而往者，吾不欲闻之矣；教自击鼓而往者，吾不欲听之矣；律自发心而往者，吾不欲观之矣。"呜呼！古今同一痛心事，世出世法同一流弊，奈之何哉？

补注 当与"三家者以《雍》彻"章合看。

3.11 或问禘之说。子曰："不知也。知其说者之于天下也，其如示诸斯乎！"指其掌。

程季清曰："王者于天下大定之后，方行禘礼。尔时九州之方物，毕贡于前；历代之灵爽，尽格于庙。可谓竖穷横徧，互幽彻明，浃上洽下，无一事一物，不罗列于现前一刹那际矣。示天下如指其掌，不亦宜乎？"

方外史曰："既云不知，又指其掌，所谓此处无银三十两也。"

补注 庄子云："天地与我并生，而万物与我为一。"此本性一体之说也。知神人之一体，为万物而报恩，其知禘与一切祭之说矣。若杀生以祭神，行私而求福，则获罪于天，无所祷也。

---

① 方外史，为蕅益自谓也。

昔人有埋金而榜之者曰"此处无银三十两"，蕅师盖借以喻孔子
不言之言也。

3.12 祭如在，祭神如神在。子曰："吾不与，祭如
不祭。"

与，许也。祭如不祭，谓无诚心之人，故夫子不许之。

3.13 王孙贾问曰："'与其媚于奥，宁媚于灶'，何
谓也？"子曰："不然，获罪于天，无所祷也。"

卓吾云："媚，便获罪于天矣。"

3.14 子曰："周监于二代，郁郁乎文哉！吾从周。"

花发之茂，由于培根；礼乐之文，本于至德。至德本于身，而
考于古，即是千圣心法，故从周，只是以心印心。又从周，即从
夏商，即从太古也。

3.15 子入太庙，每事问。或曰："孰谓鄹人之子知
礼乎？入太庙，每事问。"子闻之曰："是礼也。"

卓吾云："只论礼与非礼，哪争知与不知。"
方外史曰："不知便问，是孔子直心道场处。若云虽知亦
问者，谬矣。"

3.16 子曰:"射不主皮,为力不同科,古之道也。"

3.17 子贡欲去告朔之饩羊。子曰:"赐也,尔爱其羊,我爱其礼。"

子贡见得是羊,孔子见即是礼。推此苦心,便可与读《十轮》《佛藏》二经。二经明剃发染衣者,不论具戒、破戒乃至不曾受戒,亦是佛弟子相,决定不可毁辱。

卓吾云:"留之,则为礼;去之,则为羊。故云'其羊''其礼'。"

3.18 子曰:"事君尽礼,人以为谄也。"

于三宝境,广修供养,人亦以为靡费者多矣,哀哉!

3.19 定公问:"君使臣,臣事君,如之何?"孔子对曰:"君使臣以礼,臣事君以忠。"

3.20 子曰:"《关雎》乐而不淫,哀而不伤。"

后妃不嫉妒,多求淑女,以事西伯,使广继嗣之道,故乐不淫,哀不伤。若以求后妃,得后妃为解,可笑甚矣。《诗传》《诗序》皆云"后妃求淑女",不知紫阳何故别为新说。

3.21 哀公问社于宰我。宰我对曰:"夏后氏以松,殷人以柏,周人以栗,曰使民战栗。"子闻之,曰:"成事不说，遂事不谏，既往不咎。"

哀公患三家之强暴，问于有若，有若对曰："惟礼可御暴乱。"此端本澄源之论也。

今云战栗以敬神明，似则似矣。然未能事人，焉能事鬼？未知敬止工夫，安能大畏民志哉？

卓吾云："实是说他、谏他、咎他，亦是说哀公、谏哀公、咎哀公。"

3.22 子曰："管仲之器小哉！"

或曰："管仲俭乎？"曰："管氏有三归，官事不摄，焉得俭？"

"然则管仲知礼乎？"曰："邦君树塞门，管氏亦树塞门；邦君为两君之好有反坫，管氏亦有反坫。管氏而知礼，孰不知礼？"

一匡天下处，是其仁。不俭，不知礼处，是其器小。孔子论人，何等公平，亦何等明白。盖大器已不至此，况不器之君子乎？

3.23 子语鲁大师乐，曰："乐，其可知也。始作，翕如也；从之，纯如也，皦如也，绎如也，以成。"

乐是心之声，闻其乐而知其德，故翕如、纯如等，须从明德处悟将来，非安排于音韵之末也。

补注 孔子论乐，即是论心。乐由心生，亦即正心之具也。孔子知正心，故知乐也。

始作翕如者，因该果海，故当慎之于初也。从之者，谓闻善言，见善行，沛然莫御，若决江河。纯如者，用志不纷，乃凝于神也。皦如者，光明遍照，无所障碍。绎如者，念念相续，无有间断，尽于未来也。一切事如是而成，乐亦如是而成也。

古者司乐之官，即司教之官，故称之曰"太师"。《尚书·舜典》命夔"典乐，教胄子。直而温，宽而栗；刚而无虐，简而无傲；诗言志，歌永言；声依永，律和声；八音克谐，无相夺伦。神人以和"。此皆以乐正心之义也。心正而身修、家齐、国治、天下平矣，故曰"神人以和"。

孔子于乐屡言之矣。曰"兴于诗，立于礼，成于乐"；曰"吾自卫反鲁然后乐正，《雅》《颂》各得其所"；曰"乐则《韶》《舞》"，"在齐闻《韶》，三月不知肉味"；曰"不图为乐之至于斯也"；曰"人而不仁如乐何"，"乐云乐云，钟鼓云乎哉"；曰"恶郑声之乱雅乐也"；曰"郑卫之音，亡国之音也"。乐之关系成败兴亡者如此，故子贡曰："见其礼而知其政，闻其乐而知其德。由百世之下，等百世之王，莫之能违也。"治国，其知此义乎？

3.24 仪封人请见，曰："君子之至于斯也，吾未尝不得见也。"从者见之。出曰："二三子何患于丧乎？天下之无道也久矣，天将以夫子为木铎。"

终身定评，千古知己，夫子真万古木铎也。

3.25 子谓《韶》，"尽美矣，又尽善也"；谓《武》，

"尽美矣，未尽善也"。

觉浪禅师曰："此评乐，非评人也。"盖《韶》乐，能尽舜帝之美，又能尽舜帝之善。《武》乐，能尽武王之美，未能尽武王之善。舜、武，都是圣人，岂有未尽善者？

方外史曰："王阳明谓金之分两不必同，而精纯同，以喻圣之才力不必同，而纯乎天理同。此是千古至论。"

故孟子曰："行一不义，杀一不辜，而得天下，皆不为也。"是则同，亦是此旨。

3.26 子曰："居上不宽，为礼不敬，临丧不哀，吾何以观之哉？"

即是吾不欲观之意，非是观其得失。

补注 哭泣尽情，哀之浅者也。念佛送终，求佛接引，出轮回，生净土，哀之深者也。孔子《易传》言"精气为物，游魂为变"，可知死者精气，不死者灵魂。变则善恶殊途，升沉远隔，若堕畜生、饿鬼、地狱，苦不可言。故临命终时，家人亲属，当朗诵佛号，助生净土，不宜哭泣扰其心神，陷亲苦趣，罪莫大焉。待体温已冷，神识已离，然后收敛，尽情哭泣无妨矣。愿仁人孝子，广播斯言。

里仁第四

4.1 子曰："里仁为美。择不处仁，焉得知？"

里以宅身，尚知以仁为美；道以宅心，反不择仁而处。何其重躯壳，而轻性灵也！

补注 西方极乐邦，众圣之仁里。得托莲花生，万倍阎浮美。楼阁七宝成，黄金为大地。思衣而得衣，思食而得食。光明照十方，寿命无量劫。不历阿僧祇，一生补佛位。不闻恶道名，何况有其实。一句阿弥陀，得此不思议。

如此妙法，不肯修行；如此净土，不求往生。见佛闻法，精进不退，直至成佛。而甘居五浊恶世，甘受生死轮回，可谓智乎？

4.2 子曰："不仁者，不可以久处约，不可以长处乐。仁者安仁，知者利仁。"

见有心外之约乐，便不可久处长处，可见不仁之人，无地可容其身矣。安仁，则约乐皆安；利仁，则约乐皆利。何等快活受用！

4.3 子曰："惟仁者，能好人，能恶人。"

无好无恶，故能好能恶。无好无恶，性量也；能好能恶，性具也。仁，性体也。

4.4 子曰："苟志于仁矣，无恶也。"

千年暗室，一灯能破。

4.5 子曰："富与贵，是人之所欲也，不以其道得之，不处也。贫与贱，是人之所恶也，不以其道得之，不去也。君子去仁，恶乎成名？君子无终食之间违仁，造次必于是，颠沛必于是。"

此章皆诫训之辞。若处非道之富贵，去非道之贫贱，便是去仁，便不名为君子。若要真正成个君子，名实相称，须是终食之间不违，造次颠沛不违。

补注 读"不以其道"为句。不以其道，而处富贵，是不处仁也；不以其道，而去贫贱，是去仁也。去仁何以为君子？

欲无终食之间违仁，方便法门，无如念佛。念佛者，常念"南无阿弥陀佛"，南无，译云归依；阿弥陀佛，译云无量光无量寿正觉也。本性光明寿命无量，故念佛即是念仁。闲忙无废，钝慧均能，白居易诗云"行也阿弥陀，坐也阿弥陀。纵饶忙似箭，不废阿弥陀"。念仁全凭自力，念佛兼仗佛力。故消业障，长善根，出轮回，生净土，利益尤不可思议也。净土念佛法门，若在孔子时，早入中国，必当普教修持矣。

33

4.6 子曰："我未见好仁者，恶不仁者。好仁者，无以尚之；恶不仁者，其为仁矣，不使不仁者加乎其身。有能一日用其力于仁矣乎？我未见力不足者。盖有之矣，我未之见也。"

恶不仁者，用个"其为仁矣"四字，便是一串的工夫。

卓吾云："无以尚之，不使不仁者加乎其身，正是用力力足处。盖有之矣，谓世界尔许大，岂无一日用力者，奈我未之见耳。望之之辞。好仁者，就是惭；恶不仁者，就是愧。"

4.7 子曰："人之过也，各于其党。观过，斯知仁矣。"

此法眼也，亦慈心也。世人但于仁中求过耳，孰肯于过中求仁哉？然惟过，可以观仁。小人有过，则必文之；仁人有过，必不自掩，故也。

4.8 子曰："朝闻道，夕死可矣。"

不闻道者，如何死得？若知死不可免，如何不急求闻道？若知朝闻可以夕死，便知道是竖穷横遍，不是死了便断灭的。

补注 愚夫断见，谓一死百了，不知死者躯壳，不死者性灵也。有死而得苦十百千万于生者，有死而得乐十百千万于生者。不知六道轮回之苦，净土无生之乐，不知孔子此言之痛切而弘深也。

朝闻道而夕死可者，闻出轮回而生净土之大道也。六道轮回者，天人神为三善道，畜鬼地狱为三恶道。读《地藏菩萨本愿经》，便知轮回六道之无常，地狱种种惨苦之难受。读《阿弥陀经》《无量寿经》《观无量寿经》，便知阿弥陀佛接引众生之大愿，极乐世界不可思议之庄严。佛法难闻，人身难得，生死事大，瞬息无常，当以如恐不及之心求之。若迟疑不决，以待来年，一失人身，万劫难复，可不哀哉？

4.9 子曰："士志于道，而耻恶衣恶食者，未足与议也。"

当与"食无求饱，居无求安"参看，便见圣贤学脉。

4.10 子曰："君子之于天下也，无适也，无莫也，义之与比。"

义之与比，正所谓时措之宜，却须从格物慎独来。若欲比义，便成适莫；义来比我，方见无适莫处。比义，则为义所用；义比，则能用义。比义，则同告子之"义外"，便成袭取；义比，则同孟子之"集义"，便是性善。当与赵州"使得十二时"，《坛经》"悟时转法华"并参。

4.11 子曰："君子怀德，小人怀土；君子怀刑，小人怀惠。"

见德者，不见有土；见土者，不见有德。见法者，不见有惠；见惠者，不见有法。此皆独喻于怀，不可以告人者，譬如饮水，冷暖自知而已。

4.12 子曰："放于利而行，多怨。"

卓吾云："何利之有？"

4.13 子曰："能以礼让为国乎？何有？不能以礼让为国，如礼何？"

能以礼让，不但用得礼，亦为得国；不能以礼让为国，不但治不得国，亦用不得礼。

4.14 子曰："不患无位，患所以立；不患莫己知，求为可知也。"

此对治悉檀，亦阿伽良药也。

4.15 子曰："参乎！吾道一以贯之。"曾子曰："唯。"子出，门人问曰："何谓也？"曾子曰："夫子之道，忠恕而已矣。"

此切示下手工夫，不是印证，正是指点初心，须向一门深入耳。忠恕，真实贯得去，亦是有个省处。乃能如此答话，然不可便作传道看。颜子既没，孔子之道的无正传，否则两叹"今也则亡"，岂是诳语？

补注 一者，不变之体；自二而十而百而千而万，乃至无量数，皆随缘之用，其体皆一也。全性起修，全修显性，故曰"一以贯之"。

4.16 子曰："君子喻于义，小人喻于利。"

"喻"字，形容君子小人心事，曲尽其致。喻义，故利亦是义；喻利，故义亦是利。释门中发菩提心者，世法亦成佛法；名利未忘者，佛法亦成世法。可为同喻。

4.17 子曰："见贤，思齐焉；见不贤，而内自省也。"

方是"惭愧"二字实义，方是"三人行，必有我师"，方可云"尽大地无不是药"。此圣贤佛祖总诀也。

4.18 子曰："事父母，几谏；见志不从，又敬不违，劳而不怨。"

始终只一几谏。几谏，只是敬父母，故期之以圣贤。不违不怨，只是到底敬父母。

4.19 子曰："父母在，不远游，游必有方。"

方，法也。为法故游，不为余事也。"不远游"句，单约父母在说；"游必有方"，则通于存没矣。

补注 所事非主，所学非师，所交非友，所行非义，皆非方也。游必有方，所以慰亲心也。

4.20 子曰："三年无改于父之道，可谓孝矣。"

4.21 子曰："父母之年，不可不知也。一则以喜，一则以惧。"

喜惧处，正是知处；不喜不惧，便是不知。

补注 知父母恩深，生死事大，亲爱别离，无能免者，安得不惧。大慈菩萨偈云：骨肉恩情相爱，难期白首团圆。几多强壮亡身，更有婴孩命尽。劝念阿弥陀佛，七宝池中化生。聚会永无别离，万劫长生快乐。

4.22 子曰："古者言之不出，耻躬之不逮也。"

为之难，言之得无切乎？

4.23 子曰："以约，失之者鲜矣。"

观心为要。

4.24 子曰："君子欲讷于言，而敏于行。"

讷言敏行，只是一事，观"欲"字、"而"字，便知。

4.25 子曰："德不孤，必有邻。"

千里比肩，百世接踵。
卓吾云："有一善端，众善毕至。"
方外史曰："此约观心释也。"

4.26 子游曰："事君数，斯辱矣；朋友数，斯疏矣。"

辱，则不能事其君；疏，则不能交其友。不数，正是纳忠尽谊之法，非为求荣求亲而已，亦非当去当止之谓。

公冶长第五

5.1 子谓公冶长，"可妻也。虽在缧绁之中，非其罪也"。以其子妻之。

子谓南容，"邦有道，不废；邦无道，免于刑戮"。以其兄之子妻之。

曰"非其罪"，曰"免于刑戮"，只论立身，不论遇境，今人还知此意否？

5.2 子谓子贱，"君子哉若人！鲁无君子者，斯焉取斯"。

卓吾云："把子贱来做一尊贤取友的榜样，非特赞子贱己也。"

补注 为政在得人，自用则小。子贱尊贤取友故鸣琴而治，诚君国子民者之榜样也。鲁无君子者，谓在上位而不能尊贤取友，则皆窃位之小人也。斯焉取斯者，叹鲁不能用子贱相一国，而使之沉沦于下邑也。鲁之君臣，知孔子圣人而不能用,岂得谓有君子乎？

5.3 子贡问曰："赐也何如？"子曰："女，器也。"曰："何器也？"曰："瑚琏也。"

40

卓吾批问处云："也自负。"

方外史曰："只因子贡自负，所以但成一器，不能到君子不器地位。"

5.4 或曰："雍也仁而不佞。"子曰："焉用佞？御人以口给，屡憎于人。不知其仁，焉用佞？"

不知其仁，谓佞者本具仁理，而全不自知，可见佞之为害甚也。

补注 晋中行穆伯攻鼓，经年而不能下。馈间伦曰："鼓之啬夫，间伦知之。请无疲士大夫而鼓可得。"穆伯不应。左右曰："不折一戟，不伤一卒，而鼓可得，君奚为不取？"穆伯曰："间伦之为人也，佞而不仁。若间伦下之，吾不可以不赏，赏之是赏佞人也。佞人得志，是使晋国之士，舍仁而为佞。虽得鼓，将何用之？"不仁可以亡国，何有于鼓。故孔子曰："恶紫之夺朱也，恶郑声之乱雅乐也，恶利口之覆邦家者。"焉用佞乎？

5.5 子使漆雕开仕。对曰："吾斯之未能信。"子说。

唯其信有斯事，所以愈觉未能信也。今之硬作主宰，错下承当者，皆未具信根故耳。寡过未能，圣仁岂敢？既不生退屈，亦不增上慢，其深知六即者乎？

5.6 子曰："道不行，乘桴浮于海。从我者，其由与？"子路闻之喜。子曰："由也好勇过我，无所取材。"

正为点醒子路而发，非是叹道不行。

5.7 孟武伯问："子路仁乎？"子曰："不知也。"又问，子曰："由也，千乘之国，可使治其赋也，不知其仁也。"

"求也何如？"子曰："求也，千室之邑，百乘之家，可使为之宰也，不知其仁也。"

"赤也何如？"子曰："赤也，束带立于朝，可使与宾客言也，不知其仁也。"

此与下论"言志章"参看，便见夫子深知三人处。

补注 子贡问曰："赐也何如？"子曰："女器也。"曰："何器也？"曰："瑚琏也。"子贡与子路、冉求、公西华三子，皆瑚琏也，非不器之君子。器者，能有所偏，量有所限。无偏无限，斯仁矣。

5.8 子谓子贡曰："女与回也，孰愈？"对曰："赐也何敢望回。回也闻一以知十，赐也闻一以知二。"子曰："弗如也，吾与女弗如也。"

子贡之"亿则屡中"是病，颜子之"不违如愚"是药，故以药病对拈，非以胜负相形也。子贡一向落在闻见知解窠臼，却谓颜子"闻一知十"，虽极赞颜子，不知反是谤颜子，故夫子直以"弗如"二字贬之。

盖凡知见愈多，则其去道愈远。幸而子贡只是知二，若使知三知四，乃至知十，则更不可救药。故彼自谓"弗如"之处，正是可与之处。如此点示，大有禅门杀活全机。惜当机之未悟，恨后儒之谬解也。

补注 二者，数之对，告往而知来，见生而知灭，对待知见也。十者，数之成，知一即一切，一切即一；即往来即无往来，即无往来即一切往来；即生灭即无生灭，即无生灭即一切生灭，不二法门也。子贡于此盖已能信解，但行证不及颜渊耳，故孔子许其自知。

5.9 宰予昼寝。子曰："朽木不可雕也，粪土之墙不可杇也，于予与何诛？始吾于人也，听其言而信其行；今吾于人也，听其言而观其行。于予与改是。"

责宰我处，可谓雪上加霜。

卓吾云："乃牵联《春秋》之笔。"

5.10 子曰："吾未见刚者。"或对曰："申枨。"子曰："枨也欲，焉得刚。"

只说枨是欲不是刚，不可以刚与欲对辨，以对欲说刚，非真刚故。

5.11 子贡曰："我不欲人之加诸我也，吾亦欲无加诸人。"子曰："赐也，非尔所及也。"

卓吾云："推他上路。"

5.12 子贡曰："夫子之文章，可得而闻也；夫子之言性与天道，不可得而闻也。"

言性言天，便成文章；因指见月，便悟性天。子贡此言，只得一半。若知文字相即解脱相，则闻即无闻；若知不可说法，有因缘故，亦可得说，则无闻即闻。

补注 除却性道，安有文章，文章即性道之显者也。既云夫子之言性与天道，即非不言。不可得而闻者，闻而未信，信而未解，解而未行，行而未证之差也。

5.13 子路有闻，未之能行，唯恐有闻。

卓吾云："画出子路。"

方外史曰："子路长处在此，病处亦在此。若知不许夜行，投明须到之理，便如颜子之从容请事矣。"

5.14 子贡问曰："孔文子，何以谓之'文'也？"子曰："敏而好学，不耻下问，是以谓之'文'也。"

卓吾云："于子贡身上，亦甚有益。盖愿息，悦不若己，是子贡病痛耳。"

5.15 子谓子产："有君子之道四焉。其行己也恭，其事上也敬，其养民也惠，其使民也义。"

不遗纤善。

5.16 子曰："晏平仲，善与人交，久而敬之。"

卓吾云："'久而敬之'四字，的是交法。"

5.17 子曰："臧文仲居蔡，山节藻棁，何如其知也？"

卓吾云："夫子论知，只是务民之义，敬鬼神而远之。"

补注 藏龟为卜，智者不惑，焉用卜为？卜灵在诚，岂在龟乎？

5.18 子张问曰："令尹子文，三仕为令尹，无喜色；三已之，无愠色。旧令尹之政，必以告新令尹，何如？"子曰："忠矣。"曰："仁矣乎？"曰："未知——焉得仁？"

"崔子弑齐君，陈文子有马十乘，弃而违之。至于他邦，则曰'犹吾大夫崔子也'，违之；之一邦，则又曰'犹吾大夫崔子也'，违之。何如？"子曰："清矣。"曰："仁矣乎？"曰："未知——焉得仁？"

仁者必忠，忠者未必仁；仁者必清，清者未必仁。

卓吾云："仲尼认得'仁'字真。"

补注 "知"读如"智"。智及之，然后仁能守之，故曰"未知——焉得仁"。必开圆解，乃有圆因；有圆因，乃有圆果。但忠一主，洁一身，谓之忠，谓之清，可矣。未得为仁。

5.19 季文子三思而后行。子闻之曰："再，斯可矣。"

卓吾云："三，疑也；再，决也。要知三，不是三遭；再，不是两次。"

补注 此孔子教人观心之法也。思不得其道，虽百思无益；得其道，则再思可矣。再思者，真俗双融，空假双照，惟精惟一，而允执厥中也。

5.20 子曰："宁武子，邦有道，则知；邦无道，则愚。其知，可及也；其愚，不可及也。"

5.21 子在陈，曰："归与！归与！吾党之小子狂简，斐然成章，不知所以裁之。"

木铎之任，菩萨之心。

5.22 子曰："伯夷、叔齐，不念旧恶，怨是用希。"

周季侯曰："'旧'字，如飞影驰轮，倏焉过去之谓。"

方外史曰："如明镜照物，妍媸皆现，而不留陈影，此与'不迁怒'同一工夫。"

5.23 子曰："孰谓微生高直？或乞醯焉，乞诸其邻而与之。"

卓吾云："维直道也，非讥议微生高也。"

5.24 子曰："巧言、令色、足恭，左丘明耻之，丘亦耻之。匿怨而友其人，左丘明耻之，丘亦耻之。"

读此，便知《春秋》宗旨，《春秋》只是扶三代之直道耳。

5.25 颜渊季路侍，子曰："盍各言尔志？"

子路曰："愿车马衣轻裘与朋友共，敝之而无憾。"

颜渊曰："愿无伐善，无施劳。"

子路曰："愿闻子之志。"子曰："老者安之，朋友信之，少者怀之。"

子路忘物，颜子忘善，圣人忘己。忘己，故以安还老者，信还朋友，怀还少者。

5.26 子曰："已矣乎！吾未见能见其过，而内自讼者也。"

千古同慨。盖自讼，正是圣贤心学真血脉。

5.27 子曰："十室之邑，必有忠信如丘者焉，不如丘之好学也。"

孔子之忠信与人同，只是好学与人异。"好学"二字，是孔子真面目，故颜渊死，遂哭云："天丧予。"

雍也第六

6.1 子曰："雍也，可使南面。"

只是可临民耳，岂可说他做得王帝？

6.2 仲弓问子桑伯子，子曰："可也简。"

仲弓曰："居敬而行简，以临其民，不亦可乎？居简而行简，无乃大简乎？"子曰："雍之言然。"

只是论临民之道，不是去批点子桑伯子。

补注 居敬是空观，是惟一；行简是假观，是惟精；空假双照，精一双持，是允执厥中。诸佛之心印，亦尧舜之心传也。临如日月之照，临使观感而自化，故孔子然之，故曰"雍也可使南面"。

6.3 哀公问："弟子孰为好学？"孔子对曰："有颜回者好学，不迁怒，不贰过，不幸短命死矣。今也则亡，未闻好学者也。"

无怒无过，本觉之体；不迁不贰，始觉之功，此方是真正好学。曾子以下，的确不能通此血脉；孔子之道，的确不曾传

48

与他人。

有所断故，名为"不迁""不贰"。若到无所断时，则全合无
怒、无过之本体矣。孔子、颜渊，皆居学地，人哪得知？

补注 孔子称颜渊好学，即在不迁怒、不贰过，颜渊死而叹
曰："今也则亡。"可知博极群书，身兼众艺，而不免于迁怒屡过
者，不得谓之好学也。孔门正学，止是从心性入门，从修身致力，
从过勿惮改起行。颜渊短命，是天下众生之不幸，不专谓颜子也。

6.4 子华使于齐，冉子为其母请粟。子曰："与之釜。"
请益，曰："与之庾。"冉子与之粟五秉。

子曰："赤之适齐也，乘肥马，衣轻裘。吾闻之也：
君子周急不继富。"

原思为之宰，与之粟九百，辞。子曰："毋！以与尔
邻里乡党乎！"

6.5 子谓仲弓，曰："犁牛之子骍且角，虽欲勿用，
山川其舍诸？"

卓吾云："夫子论仲弓如此耳。"

补注 古人祭祀用牲，备物而已，非必杀之也，故子贡欲去
告朔之饩羊。郑康成解曰："饩，生牲也。"孟子言齐桓公葵丘之
会，束牲载书，而不歃血，亦生牲也。若必杀而去其毛，则犁牛
与骍且角者何择焉？后人假祭神之名，充口腹之欲，其能免杀业

之苦报乎？血食之神，当堕地狱，况杀之者乎？故祭用蔬素芳洁之物，最为合礼。

6.6 子曰："回也，其心三月不违仁，其余则日月至焉而已矣。"

颜渊心不违仁，孔子向何处知之，岂非法眼、他心智耶？三月者，如佛家九旬办道之期。其心、其余，皆指颜子而说，只因心不违仁，得法源本，则其余枝叶，日新月盛，德业并进矣。此方是温故知新。

6.7 季康子问："仲由，可使从政也与？"子曰："由也果，于从政乎何有？"

曰："赐也，可使从政也与？"曰："赐也达，于从政乎何有？"

曰："求也，可使从政也与？"曰："求也艺，于从政乎何有？"

6.8 季氏使闵子骞为费宰。闵子骞曰："善为我辞焉！如有复我者，则吾必在汶上矣。"

有志气，有节操，羞杀仲由、冉求。

6.9 伯牛有疾，子问之，自牖执其手，曰："亡之，命矣夫！斯人也而有斯疾也！斯人也而有斯疾也！"

说一"命"字，便显得是宿业，便知为善无恶果。

6.10 子曰："贤哉，回也！一箪食，一瓢饮，在陋巷，人不堪其忧，回也不改其乐。贤哉，回也！"

乐不在箪瓢、陋巷，亦不离箪瓢、陋巷。箪瓢、陋巷，就是他真乐处。惟仁者可久处约，约处就是安处利处。若云箪瓢、陋巷非可乐，则离境谈心，何啻万里？

补注 列子《冲虚经》言：

> 仲尼闲居，子贡入侍，而有忧色，子贡不敢问，出告颜回。颜回援琴而歌，孔子闻之，果召回入，问曰："若奚独乐？"回曰："夫子奚独忧？"孔子曰："先言尔志。"曰："吾昔闻之夫子曰'乐天知命故不忧'，回所以乐也。"孔子愀然有间，曰："有是言哉，汝之意失矣。此吾昔日之言尔，请以今言为正也。汝徒知乐天知命之无忧，未知乐天知命有忧之大也……夫乐而知者，非古人之所谓乐知也。无乐无知，是真乐真知，故无所不乐，无所不知，无所不忧，无所不为……"颜回北面拜手曰："回亦得之矣。"

学者知无乐无忧之本性，方知孔颜之忧乐。

6.11 冉求曰："非不说子之道，力不足也。"子曰："力不足者，中道而废。今女画。"

6.12 子谓子夏曰："女为君子儒，无为小人儒。"

从性天生文章，便是君子儒；从文章著脚，便是小人儒。即下学而上达，便是君子儒；滞于下学，便是小人儒。若离下学而空谈上达，不是君子儒，亦不是小人儒，便是今时狂学者。

6.13 子游为武城宰。子曰："女得人焉尔乎？"曰："有澹台灭明者，行不由径，非公事，未尝至于偃之室也。"

卓吾云："真能得人。"

6.14 子曰："孟之反不伐，奔而殿，将入门，策其马，曰：'非敢后也，马不进也。'"

6.15 子曰："不有祝鮀之佞，而有宋朝之美，难乎免于今之世矣。"

6.16 子曰："谁能出不由户？何莫由斯道也？"

道不可须臾离，信然信然！何故世人习而不察，日用不知？

6.17 子曰："质胜文，则野；文胜质，则史。文质彬彬，然后君子。"

质，如树茎；文，如花叶。还有一个树根，由有树根，故使茎枝花叶，皆是一团生机。彬彬者，生机焕彩也。

补注 尊德性而不道问学，谓之野；道问学而不尊德性，谓之史。君子尊德性而道问学，故文质彬彬也。

6.18 子曰："人之生也直，罔之生也幸而免。"

卓吾云："不直的，都是死人。"

6.19 子曰："知之者不如好之者，好之者不如乐之者。"

知个甚么？好个甚么？乐个甚么？参——！
卓吾云："不到乐的地步，哪得知此？"

6.20 子曰："中人以上，可以语上也；中人以下，不可以语上也。"

不可语上，须以上作下说，为实施权也。可以语上，方知语语皆上，开权显实也。

6.21 樊迟问知，子曰："务民之义，敬鬼神而远之，可谓知矣。"

问仁，曰："仁者先难而后获，可谓仁矣。"

晓得民义，便晓得鬼神道理。惟其晓得，所以能敬能远，非以不可知而敬之远之也。

不能先难，便欲商及获与不获，知难非难，则请事斯语。欲罢不能，岂获与不获，可动其心？

补注 世俗混称佛菩萨为鬼神，此大误也。佛菩萨是出世大圣，鬼神是生死凡夫，相距天渊，然皆是过去六亲、未来诸佛，故当敬。修福而嗔恚堕神趣，悭贪而不施堕鬼趣，故当怜悯而远之也。仁者须发大心，遍十方，尽未来，度脱众生，而后成佛，故曰"先其难而后其获"。

6.22 子曰："知者乐水，仁者乐山；知者动，仁者静；知者乐，仁者寿。"

形容得妙。智者仁者，不是指两人说。乐者，效法也。智法水，仁法山；法水故动，法山故静；动故乐，静故寿。山水同依于地，动静同一心机，乐寿同一身受，智仁同一性真。若未达不二而二，二而不二，则仁者见之谓之仁，智者见之谓智矣。

6.23 子曰："齐一变，至于鲁；鲁一变，至于道。"

总是要他至于道耳。

吴因之曰："齐固要脱皮换骨，鲁也要涤胃洗肠。"

6.24 子曰："觚不觚，觚哉！觚哉！"

补注 因缘和合，假名为"觚"；色即是空，故曰"不觚"。空假双照，不即世谛，不离世谛，是为中观，故曰"觚哉觚哉"。空假中一心三观，三世诸佛之心印，又尧舜惟精惟一、允执厥中之心传也。

《心经》《金刚经》，一切大乘经，乃至禅家千七百则公案，皆可以此求之。《金刚经》云"如来说第一波罗密，即非第一波罗密，是名第一波罗密。忍辱波罗密，如来说非忍辱波罗密，是名忍辱波罗密"，即假即空即中也。

程子谓："觚不觚，谓如君不君，臣不臣。"范氏谓："如人不仁，国不国。"此但就世变感慨言之也，亦通。

6.25 宰我问曰："仁者，虽告之曰'井有仁焉'，其从之也？"子曰："何为其然也？君子可逝也，不可陷也；可欺也，不可罔也。"

此问大似禅机。盖谓君子既依于仁，设使仁在井中，亦从而依之乎？夫子直以正理答之，不是口头三昧可比。

陈旻昭曰："宰我此问，深得夫子之心。盖在夫子，设使见人坠井，决能跳下井中救出。但此非圣人不能，不可传继，故夫子直以可继可传之道答之。如大舜方可浚井，以听父母之掩，彼有出路故也。若寻常孝子，小杖则受，大杖则走矣。"

6.26 子曰："君子博学于文，约之以礼，亦可以弗畔矣夫。"

学于文，乃就闻以开觉路，不同贪数他宝；约以礼，乃依解而起思修，所谓克己复礼，不同无闻暗证，所以弗畔。畔者，边畔。以文字阿师，偏于教相之一边；暗证禅和，偏于内观之一边。

不免罔殆之失也。

6.27 子见南子，子路不说。夫子矢之曰："予所否者，天厌之！天厌之！"

卓吾云："子路不说，全从夫子拒弥子来，意谓既曰有命矣，缘何又见南子？"

补注 此可与"互乡难与言"章合看。佛言一切众生皆有佛性，故佛菩萨不舍罪恶众生，孔子不拒南子与互乡童子也。

6.28 子曰："中庸之为德也，其至矣乎！民鲜久矣。"

6.29 子贡曰："如有博施于民，而能济众，何如？可谓仁乎？"子曰："何事于仁，必也圣乎。尧舜其犹病诸。夫仁者，己欲立而立人，己欲达而达人。能近取譬，可谓仁之方也已。"

补注 列子《冲虚经》言：

商太宰见孔子，曰："丘圣者欤？"孔子曰："圣则丘何敢，然则丘博学多识者也。"商太宰曰："三王圣者欤？"孔子曰："三王善任智勇者，圣则丘弗知。"曰："五帝圣者欤？"孔子曰："五帝善任仁义者，圣则丘弗知。"曰："三皇圣者欤？"孔子曰："三皇善任因时者，圣则丘弗知。"商太宰大骇曰："然则孰者为圣？"孔子动容有间，曰："西方之人有圣者焉，不治而不乱，不言而自信，不化而自行，荡荡乎民无能名焉。"

孔子所谓西方圣人者，即周昭王甲寅岁降生天竺之释迦牟尼佛也。

博施济众，果地化他之德；欲立欲达，因中二利之始。子贡求之于果，不知明其真因。己欲立而立人，己欲达而达人，不是以己及人，正是自他不二，只向一念观心处下手也。立，即不思议止；达，即不思议观。佛法太高，众生法太广，观心则易，故云"能近取譬，是仁之方"。方。法也。立人达人，正是博施济众处。尧舜犹病，正是欲立欲达处。仁通因果，圣惟极果，尧舜尚在因位，惟佛方名果位耳。[①]

补注 欲立立人，欲达达人，之最优方便，无过于净土念佛法门。了脱轮回，是真能立；一生补佛，是真能达。是以诸佛赞叹，众圣求生，诸天信受，列祖奉行，闲忙无碍，愚智皆能，博施济众，舍此末由已。

---

① 此段文字是蕅益的"解"，之前和之后都有一个补注，此体例在全书中较为特殊。

述而第七

7.1 子曰："述而不作，信而好古，窃比于我老彭。"

述而不作，只因信得理无可作，既信得及，自然好古，此夫子真道脉、真学问也。

卓吾云："都是实话，何云谦词？"

补注 十方三世佛，所说无异法。诸佛与圣人，皆述而不作，何况于凡夫？愚人不知此，纷纷而妄作，厌故而喜新，不知妄语罪，死堕拔舌狱，可不戒哉？

7.2 子曰："默而识之，学而不厌，诲人不倦，何有于我哉？"

学不厌，诲不倦，孔子亦曾承当之矣。只一默而识之，真实难到，宜其直心直口说出。

补注 此即孔子之无我。有我相，则有人相、众生相、寿者相，则必不能默而识之、学而不厌、诲人不倦矣。

7.3 子曰："德之不修，学之不讲，闻义不能徙，不善不能改，是吾忧也。"

真实可忧,世人都不知忧,所以毫无真乐。惟圣人念念忧,方得时时乐。

补注 唐白居易问鸟窠禅师:"如何是佛法?"曰:"诸恶莫作,众善奉行。"曰:"如此三岁儿童也道得。"曰:"三岁儿童道得,八十老翁行不得。"孔子且曰:"是吾忧也,况吾俦乎?"

7.4　子之燕居,申申如也,夭夭如也。

7.5　子曰:"甚矣吾衰也!久矣吾不复梦见周公!"

卓吾云:"壮哉!"

方外史曰:"人老心不老。"

7.6　子曰:"志于道,据于德,依于仁,游于艺。"

卓吾云:"学问阶级。"

方外史曰:"虽有阶级,不是渐次,可谓六而常即。"

补注 六而常即者,谓众生即佛,而渐次分之,则有六种阶级:一理即,二名字即,三观行即,四相似即,五分证即,六究竟即。道德仁艺,只是仁耳。行之谓之道,得之谓之德,守之谓之仁,取之左右逢源、著于事物谓之艺。

7.7　子曰:"自行束脩以上,吾未尝无诲焉。"

补注 闻来学,不闻往教。《易》曰"童蒙求我,匪我求童蒙"，故必其能自行束身修礼，而后可施教诲也。

7.8 子曰："不愤不启，不悱不发，举一隅，不以三隅反，则不复也。"

卓吾云："读此二章，乃见诲人不倦。"

补注 启之、发之、复之，是教诲；不启、不发、不复，亦是教诲。故孟子曰："教亦多术矣。予不屑之教诲也者，是亦教诲之而已矣。"

7.9 子食于有丧者之侧，未尝饱也。

子于是日哭，则不歌。

7.10 子谓颜渊曰："用之则行，舍之则藏，惟我与尔有是夫！"

子路曰："子行三军，则谁与？"子曰："暴虎冯河，死而无悔者，吾不与也。必也临事而惧，好谋而成者也。"

临事而惧，从戒慎恐惧心法中来；好谋而成，从好问好察，用中于民而来。不但可与行军，即便可与用行舍藏。否，则白刃可蹈，中庸不可能矣。

卓吾云："三'与'字，当一般看。若作仲尼牵连自家说，恐圣人无此等气象。"

7.11 子曰："富而可求也，虽执鞭之士，吾亦为之。

如不可求，从吾所好。"

说得求富者败兴。

卓吾云："今之求富贵者，俱是执鞭之士。"

方外史曰："执鞭求富，还是好的。今之求富贵者，决非执鞭之士所屑。"

7.12　子之所慎：斋，战，疾。

补注　斋是祸福关，战是存亡关，疾是生死关。圣人所为慎者，愿众生修福而免祸，弭战而损疾也。三慎，斋为首者，斋必断肉，断肉则断战、疾之因。佛言："世上欲免刀兵劫，除非众生不食肉。"欲得长寿，当勤戒杀。食肉众生，死堕恶道，若生人中，多病短命。杀生食肉，战杀疾病之所由来也，可不慎与？

愿云禅师偈云："千百年来碗里羹，冤深如海恨难平。欲知世上刀兵劫，但听屠门夜半声。"阳复斋《劝提倡素食诗》云："好生当得寿而康，杀命难期自命长。我已多年饱芳洁，病魔不入谷蔬肠。"（予自持六斋、十斋、观音斋而病渐少，今长素五年乃全无病。）又云："拳骂相侵报不忘，况于食肉剖心肠。何如与物同安乐，白饭青蔬大吉祥。"（名医喻嘉言云："白饭青蔬，养生妙法。"）

7.13　子在齐闻《韶》，三月不知肉味，曰："不图为乐之至于斯也。"

赞得《韶》乐，津津有味。

7.14 冉有曰："夫子为卫君乎？"子贡曰："诺，吾将问之。"

入，曰："伯夷、叔齐何人也？"曰："古之贤人也。"曰："怨乎？"曰："求仁而得仁，又何怨。"

出，曰："夫子不为也。"

非说二人以失国为悔也。只是二人既去，设无中子可立，则废宗绝嗣能不动心否乎？既曰"求仁得仁"，则世间宗嗣又其最小者矣，何足介意。

补注 得仁谓得其本然之性德，性德竖穷横遍，一切具足，而亦一切非有，何有于得？何有于失？何有于生？死而又何怨乎？子贡闻之，而知夫子不为卫君计较于得失生死之间也。求仁即是敦行孝弟，论夷、齐而自知卫君应尽之分，善哉子贡之妙问，而夫子之妙答也。

7.15 子曰："饭疏食饮水，曲肱而枕之，乐亦在其中矣。不义而富且贵，于我如浮云。"

乐在其中，则心境一如，当与赞颜子处参看。不义富贵，但如浮云，则似太虚不染，非巢许之所能达。

7.16 子曰："加我数年，五十以学《易》，可以无大过矣。"

学《易》方无大过，《易》其可不学乎？今有穷年读《易》，而过终不寡者，其可称学《易》乎？

补注 《说文》引秘书说曰："日月为易，象阴阳也。"日月光明遍照，喻性量之竖穷横遍；阴阳即性体之寂而常照，照而常寂。故《易》学之圆满究竟，无过于佛。儒有学《易》而不免于谤佛之大过者，非真知《易》者也。学《易》可以无大过，学佛可以成无上道。

五十者，河图洛书之中数，而五为阳，十为阴，一阴一阳之谓道，《易》所以教中道也。空假双照，精一并观，故无大过。《史记》引孔子之言"假我数年，若是我于《易》，则彬彬矣"，彬彬者，文质无偏。质即惟一，即空观；文即惟精，即假观也。孔子老而嗜《易》，韦编三绝，故知五十非年也。

7.17 子所雅言，《诗》《书》、执礼，皆雅言也。

果然不俗。今人不知《诗》《书》、礼，所以开口便俗。

7.18 叶公问孔子于子路，子路不对。子曰："女奚不曰：其为人也，发愤忘食，乐以忘忧，不知老之将至云尔。"

这才是为人的。今只偷得一人生耳，何尝肯为人哉？既是不肯为人，所以一失人身，万劫难也。

王阳明曰："发愤忘食，是圣人之志如此，真无有已时。乐以忘忧，是圣人之道如此，真无有戚时。恐不必云得不得也。"

7.19　子曰："我非生而知之者,好古,敏以求之者也。"

卓吾云："都是实话。"

方外史曰："不但释迦尚示六年苦行,虽弥勒即日出家,即日成道,亦是三大阿僧祇劫修来的。"

7.20　子不语怪、力、乱、神。

今人拨无怪无神,亦可拨无力无乱否?

7.21　子曰："三人行,必有我师焉。择其善者而从之,其不善者而改之。"

师心之人,哪知此益?

7.22　子曰："天生德于予,桓魋其如予何?"

卓吾云："却又微服而过宋,妙!妙!"

方外史曰："王莽学之,便是东施。"

7.23　子曰："二三子以我为隐乎?吾无隐乎尔。吾无行而不与二三子者,是丘也。"

卓吾云："和盘托出。"

方外史曰："正惟和盘托出。二三子益不能知,如目连欲穷佛声,应持欲见佛顶,何处用耳?何处著眼?"

补注 读《华严经·文殊菩萨净行品》，便知此义。菩萨于在家出家，行住坐卧，作止语默，乃至著衣饭食，盥洗便利，一切时间，念念不离众生，愿其消除障碍，成就菩提。故孔子曰："吾无行而不与二三子者。"

今有大师，与我同行同住，同坐同卧，同视同听，同言同动，无行不与，乃至永劫相随，而视之不见，听之不闻，觅之不可得，是何也？心耶佛耶？一耶二耶？不可谓一，不可谓二也。

7.24 子以四教：文，行，忠，信。

7.25 子曰："圣人吾不得而见之矣，得见君子者，斯可矣。善人吾不得而见之矣，得见有恒者，斯可矣。亡而为有，虚而为盈，约而为泰，难乎有恒矣。"

圣人只是证得本亡、本虚、本约之理，有恒须是信得本亡、本虚、本约之理，就从此处下手，便可造到圣人地位。所谓以不生不灭为本修因，然后圆成果地修证也。亡是真谛，虚是俗谛，约是中谛。依此而修，为三止三观；证此妙理，成三德三身。

7.26 子钓而不纲，弋不射宿。

现同恶业，曲示善机，可与六祖"吃肉边菜"同参。

补注 钓弋恶行，杀命伤仁，岂圣人所以教后世者？不愤不启，不悱不发，弋不射宿也；举一隅不以三隅反则不复也，钓而不纲也。

列子《冲虚经》云：

　　齐田氏祖于庭，食客千人。中坐有献鱼雁者，田氏视之乃叹曰："天之于民厚矣。殖五谷，生鱼鸟，以为之用。"众客和之如响，鲍氏之子年十二，预于次，进曰："不如君言。天地万物，与我并生，类也。类无贵贱，徒以小大智力而相制，迭相食，非相为而生之。人取可食者而食之，岂天本为人生之？且蚊蚋噆肤，虎狼食肉，非天本为蚊蚋生人，虎狼生肉者哉？"

　　孔子圣人，曾谓不如鲍氏之子乎？故知钓而不纲、弋不射宿者，喻言也。

7.27　子曰："盖有不知而作之者，我无是也。多闻，择其善者而从之；多见而识之，知之次也。"

　　知便不作，作便不知。

　　卓吾云："甘心为次，所以为上。"

　　方外史曰："今之高谈向上，耻居学地者，愧死！愧死！"

7.28　互乡难与言，童子见，门人惑。子曰："人洁己以进，与其洁也，不保其往也。与其进也，不与其退也，唯何甚！"

　　卓吾云："天地父母之心。"

7.29　子曰："仁远乎哉？我欲仁，斯仁至矣。"

　　欲仁①即仁，仁体即是本来至极之体，犹所云念佛心即是佛也。

---

　　① "仁"，原作"二"，据文义改。

补注 仁之量竖穷横遍，可谓远矣，然不出我现前介尔一念之心，则远近一如也。幽溪大师《净土生无生论偈》曰："法界圆融体，作我一念心。故我念佛心，全体是法界。"自私自利者，皆自暴自弃者也。是故如来于明星出时，初成正觉，叹曰："奇哉！一切众生，皆有如来智慧德性。"但以颠倒妄想，不自证得；若离妄想，则无师智、道种智自得现前。明星日也，众生佛性，蔽于妄想，如日在云，云开而日光遍照矣。

7.30 陈司败问："昭公知礼乎？"孔子曰："知礼。"

孔子退，揖巫马期而进之，曰："吾闻君子不党，君子亦党乎？君取于吴，为同姓，谓之吴孟子。君而知礼，孰不知礼？"

巫马期以告，子曰："丘也幸，苟有过，人必知之。"

不似今人强辩饰非。

补注 善则称君，过则称己。圣人从容中道之妙，于此可见一斑。司败既问"昭公知礼乎"，故答曰"知礼"。及闻巫马期之告，则曰"丘也幸，苟有过，人必知之"，使昭公闻之，亦应忏悔。

7.31 子与人歌而善，必使反之，而后和之。

7.32 子曰："文，莫吾犹人也。躬行君子，则吾未之有得。"

也是千真万真之语。

7.33　子曰："若圣与仁，则吾岂敢。抑为之不厌，悔人不倦，则可谓云尔已矣。"公西华曰："正唯弟子不能学也。"

更真。卓吾云："公西华亦慧。"

7.34　子疾病，子路请祷。子曰："有诸？"子路对曰"有之，《诔》曰'祷尔于上下神祇'。"子曰："丘之祷久矣。"

可与谈三种忏法。

7.35　子曰："奢则不孙，俭则固。与其不孙也，宁固。"

此与对林放同意。卓吾云："救世苦心。"

7.36　子曰："君子坦荡荡，小人长戚戚。"

荡荡，即"坦"字之注脚，所谓居易以俟命也，却是戒慎恐惧之体。戚戚，正是无忌惮处。思之！思之！

7.37　子温而厉，威而不猛，恭而安。

像赞。

泰伯第八

8.1 子曰："泰伯，其可谓至德也已矣。三以天下让，民无得而称焉。"

三让，究竟让也。以天下让，以天下之故而行让也。此时文王已生，纣亦初生，泰伯预知文王之德，必能善服事殷，救纣之失，故让国与之，令扶商之天下。是故文王之至德，人皆知之；泰伯之至德，又在文王之先，而人罔克知也。至于文王既没，纣终不悛，至使武王伐纣，则非泰伯之所料矣。

8.2 子曰："恭而无礼则劳，慎而无礼则葸，勇而无礼则乱，直而无礼则绞。君子笃于亲，则民兴于仁；故旧不遗，则民不偷。"

此二节正是"敦厚以崇礼"的注脚。

8.3 曾子有疾，召门弟子曰："启予足，启予手。《诗》云'战战兢兢，如临深渊，如履薄冰'，而今而后，吾知免夫，小子！"

既明且哲，以保其身。推而极之，则佛临涅槃时，披衣示金身，令大众谛观，亦是此意。但未可与著相愚人言也。

8.4 曾子有疾，孟敬子问之。曾子言曰："鸟之将死，其鸣也哀；人之将死，其言也善。君子所贵乎道者三：动容貌，斯远暴慢矣；正颜色，斯近信矣；出辞气，斯远鄙倍矣。笾豆之事，则有司存。"

三个"斯"字，皆是诚于中，形于外，不假勉强。

8.5 曾子曰："以能问于不能，以多问于寡；有若无，实若虚；犯而不校。昔者吾友尝从事于斯矣。"

在颜子分中，直是无能、无多、本无、本虚，本不见有犯者、犯事及受犯者。但就曾子说他，便云"以能问于不能"等耳。若见有能，便更无问于不能之事；乃至若见有犯，纵使不报，亦非不校矣。

卓吾云："不但想他人前日而已，自家今日亦要下手矣。"

8.6 曾子曰："可以托六尺之孤，可以寄百里之命，临大节而不可夺也。君子人与！君子人也！"

有才有德，故是君子。末二句是赞体，非设为问答。

8.7 曾子曰："士不可以不弘毅，任重而道远，仁以为己任，不亦重乎？死而后已，不亦远乎？"

"弘毅"二字甚妙，横广竖深，横竖皆不思议。但"死而后已"四字甚陋，孔子云"朝闻道，夕死可矣"，便是死而不已；又云"未知生，焉知死"，便是死生一致。故知曾子只是世间学问，不曾传得孔子出世心法。孔子独叹颜回好学，良不诬也。

补注 横遍十方谓之弘，竖穷三际谓之毅。上求佛道，下化众生，谓之重；死而不已，谓之远。

8.8 子曰："兴于《诗》，立于《礼》，成于乐。"

读《诗》而不能兴，读《礼》而不能立，习乐而不能成，用《诗》《礼》、乐耶？

8.9 子曰："民可使由之，不可使知之。"

若但赞一乘，众生没在苦，故不可使知之。机缘若熟，方可开权显实。"不可"二字，正是观机之妙。

8.10 子曰："好勇，疾贫，乱也。人而不仁，疾之已甚，乱也。"

补注 周安士先生曰："孔子成《春秋》，而乱臣贼子惧，何惧乎？惧身后之恶名也。然此犹盛世之事也，若后世之乱贼，并不畏此虚名矣。岂惟乱贼，即号为识字者，亦毫不知有《春秋》矣。惟示以人命无常，死后受报，不忠不孝之人化作畜生饿鬼，乃知用尽奸心诡计，付之一空，他生万苦千愁，皆我自造。回思虎斗龙争、图王创霸之谋，不觉冰消瓦解。嗟乎！自有佛法以来，不知令多少乱臣贼子寒心，多少巨憝豪强丧胆，使民日迁善而不知。谁之为者？余于如来之大教见之矣。"

8.11 子曰："如有周公之才之美，使骄且吝，其余不足观也已。"

卓吾云："无周公之才美而骄吝者，岂不愧死。"

补注 佛弟子周利槃陀伽，于过去世，为大法师，秘吝佛法，感愚钝报，阙于记持。佛以"苕帚"二字，使之记持，于一百日中，得苕忘帚，得帚忘苕。佛愍其愚，教持一偈，成阿罗汉，辩才无尽。以骄吝故，得愚钝报，故学者当发大心，学不厌而教不倦也。

8.12 子曰："三年学不至于谷，不易得也。"

8.13 子曰："笃信好学，守死善道。危邦不入，乱邦不居；天下有道则见，无道则隐。邦有道，贫且贱焉，耻也；邦无道，富且贵焉，耻也。"

信得人人可为圣贤，名笃信；立地要成圣贤，名好学。假使铁轮顶上旋，定慧圆明终不失，名守死善道。"危邦不入"四句，正是"守死善道"注脚，正从"笃信好学"得来。"邦有道"节，正是反显其失。

8.14 子曰："不在其位，不谋其政。"

约事，即是素位而行，不愿乎外。约观，即是随境炼心，不发不观。

8.15 子曰："师挚之始，《关雎》之乱，洋洋乎盈耳哉！"

8.16 子曰："狂而不直，侗而不愿，悾悾而不信，吾不知之矣。"

大家要自己简点，勿堕此等坑堑。

8.17 子曰："学如不及，犹恐失之。"

8.18 子曰："巍巍乎，舜禹之有天下也而不与焉！"

无天下者，亦非巍巍，巢、许是也；有天下者，亦非巍巍，寻常贤君是也。有天下而不与，方为不可思议。

8.19 子曰："大哉尧之为君也！巍巍乎，唯天为大，唯尧则之。荡荡乎，民无能名焉。巍巍乎其有成功也，焕乎其有文章。"

卓吾云："末节正是则天实际处。"

补注 此二章便是尧舜禹惟精惟一、允执厥中之证据，亦即佛法空假中一心三观之实现也。有而不与，民无能名，空观也；有成功，有文章，假观也。菩萨发大悲愿，普度众王，皆从假观出，若偏于空观，则罗汉而已。

8.20 舜有臣五人而天下治。武王曰："予有乱臣十人。"孔子曰："才难，不其然乎？唐虞之际，于斯为盛。有妇人焉，九人而已。三分天下有其二，以服事殷。周之德，其可谓至德也已矣。"

叹才难而赞至德，正因德难，故才难耳。倘纣有圣德，则武王并九人，方将同为纣之良臣，又何至以"乱臣"称哉。亢龙有悔，武王之不幸也甚矣。

8.21 子曰："禹，吾无间然矣。菲饮食，而致孝乎鬼神；恶衣服，而致美乎黻冕；卑宫室，而尽力乎沟洫。禹，吾无间然矣。"

如此，方无间然。为君者，可弗思乎？

子罕第九

9.1 子罕言利与命与仁。

卓吾云："罕言利，可及也；罕言利与命与仁，不可及也。"

方外史曰："言命言仁，其害与言利同，所以罕言。今人将命与仁挂在齿颊，有损无益。"

补注 孔子所言，皆利也，命也，仁也。仁即心性，利命即因果，除却心性因果，复何言乎？以学者机感之殊，则见有常言，有罕言。子贡所谓"夫子之言性与天道，不可得而闻也"，是不闻也，非不言也。

9.2 达巷党人曰："大哉孔子！博学而无所成名。"子闻之，谓门弟子曰："吾何执？执御乎？执射乎？吾执御矣。"

卓吾云："谓门弟子之言，不敢自安之语也，然党人则孔子知己矣。"

补注 射者目注一的，御则有六辔如组，两骖如舞之妙用焉，则是执无所执也，无所执故能大，故博学而无所成名也。《易传》"时乘六龙以御天"，龙者，变化不测之象也，即此执御用之注脚。

9.3 子曰："麻冕，礼也。今也纯，俭，吾从众。拜下，礼也。今拜乎上，泰也，虽违众，吾从下。"

卓吾云："真是时中之圣。"

9.4 子绝四：毋意，毋必，毋固，毋我。

由诚意，故毋意；毋意，故毋必；毋必，故毋固；毋固，故毋我。细灭，故粗必随灭也。由达无我，方能诚意，不于妄境生妄惑。意是惑，必、固是业，我是苦。

9.5 子畏于匡，曰："文王既没，文不在兹乎？天之将丧斯文也，后死者不得与于斯文也；天之未丧斯文也，匡人其如予何？"

道脉流通，即是文。非谦词也，如此自信，何尝有畏。

9.6 大宰问于子贡曰："夫子圣者与？何其多能也？"子贡曰："固天纵之，将圣又多能也。"

子闻之，曰："大宰知我乎！吾少也贱，故多能鄙事。君子多乎哉？不多也。"

牢曰："子云：'吾不试，故艺。'"

"固天纵之"为一句，子贡谓夫子直是天纵之耳，岂可将圣人只是多能者耶？此必已闻"一以贯之"，故能如此答话。然在夫子，的确不敢承当"圣人"二字，故宁受"多能"二字，而多能甚鄙甚贱，决非君子之道也。大宰此问，与党人见识，天地悬隔。

9.7 子曰："吾有知乎哉？无知也。有鄙夫问于我，空空如也。我叩其两端而竭焉。"

不但无人问时，体本无知；即正当有人问时，仍自空空，仍无知也。所叩者，即鄙夫之两端；所竭者，亦即鄙夫之两端。究竟吾何知哉？既叩其两端而竭之，则鄙夫亦失其妄知，而归于无知矣。

补注 空空如也，即是鄙夫与佛平等之佛性。两端，即鄙夫之虚妄分别知见也。竭，则性相不二，自他不二，何有两端？两端即空，一亦不立。

9.8 子曰："凤鸟不至，河不出图，吾已矣夫！"

此老热肠犹昔。

9.9 子见齐衰者、冕衣裳者与瞽者，见之，虽少，必作；过之，必趋。

9.10 颜渊喟然叹曰："仰之弥高，钻之弥坚；瞻之在前，忽焉在后。夫子循循然善诱人，博我以文，约我以礼，欲罢不能。既竭吾才，如有所立卓尔。虽欲从之，末由也已。"

此与"问仁章"参看，便见颜子真好学，又见颜子正在学地，未登无学。约我以礼，正从克己复礼处悟来；欲罢不能，正从请事斯语处起手；欲从末由，正是知此道非可仰钻前后而求得者。两个"我"字，正即克己、由己之"己"字。

王阳明曰："谓之有，则非有也；谓之无，则非无也。"

补注 一切众生，真如本性，无量无边，不生不灭，竖穷三际，横遍十方，故仰之弥高，钻之弥坚；瞻之在前，忽然在后。博我以文，知真如之不变而随缘；约我以礼，知真如之随缘而不变。未来无尽，我愿无尽，故欲罢不能。全性起修，故曰"既竭吾才"。不可谓无，故如有所立卓尔；不可谓有，故虽欲从之，末由也已。夫子之道之妙，即各各本具之真心也。非颜子之善学，乌能知夫子之善诱乎？

9.11 子疾病，子路使门人为臣。病间，曰："久矣哉，由之行诈也！无臣而为有臣，吾谁欺？欺天乎！且予与其死于臣之手也，无宁死于二三子之手乎！且予纵不得大葬，予死于道路乎？"

子路一种流俗知见，被夫子骂得如此刻毒。今有禅门释子，开丧戴孝，不知何面目见孔子，不知何面目见六祖，不知何面目见释迦。

9.12 子贡曰："有美玉于斯，韫椟而藏诸？求善贾而沽诸？"子曰："沽之哉！沽之哉！我待贾者也。"

沽同，而待与求不同。世人不说沽，便说藏耳，哪知此意。

9.13 子欲居九夷，或曰："如之何？"子曰："君子居之，何陋之有？"

卓吾云："先辈谓'当问其居不居，不当问其陋不陋'，最为得之。"

补注 读肇公《般若无知论》，可知无知是本然性体，不是孔子谦词。譬如明镜中空，故能随缘现影。空空如也，即是鄙夫与佛平等之佛性。两端，即鄙夫之虚妄分别知见也。竭，则性相不二，自他不二，何有两端？两端即空，一亦不立。[①]

9.14 子曰："吾自卫反鲁，然后乐正，《雅》《颂》各得其所。"

亦是木铎之职应尔。

9.15 子曰："出则事公卿，入则事父兄，丧事不敢不勉，不为酒困，何有于我哉？"

不要看得此四事容易，若看得容易，便非孔子。

补注 此四者，皆是孔子之无我。有我相，则骄慢，不能出

---

①此补注内容疑是错排到此处，与此节原文和蕅益的解都无联系。其中"空空如也……一亦不立"此段文句与9.7节的补注内容完全一样，疑9.13节的补注即为9.7节补注的全文。

事公卿，入事父兄；有我相，则有断见，谓人死即消灭，故丧事不能勉；有我相，则累于形骸，不知观心之妙，而以饮酒为乐，故为酒困。我见为万恶之原，其为毒于天下，不可胜数，故孔子一再言之"何有于我哉"。

9.16　子在川上，曰："逝者如斯夫，不舍昼夜。"

此叹境也，即叹观也。盖天地万物，何一而非逝者，但愚人于此，计断计常。今既谓之逝者，则便非常；又复如斯不舍昼夜，则便非断。非断非常，即缘生正观。引而申之，有逝逝，有逝不逝，有不逝逝，有不逝不逝。非天下之至圣，孰能知之？

9.17　子曰："吾未见好德如好色者也。"

惟颜子好学，亦惟颜子好德耳。

补注　德与色对，犹性与相对。凡夫著相而不悟性，故好恋色身，好吃美食，好著美衣，好居美室，皆是好色。不知义理悦心，禅悦为食，法喜充满，功德庄严之可贵也。颜子在陋巷，一箪食，一瓢饮，不改其乐，方是好德。禹之菲饮食而致孝乎鬼神，恶衣服而致美乎黻冕，卑宫室而尽力乎沟洫，方是好德。

9.18　子曰："譬如为山，未成一篑，止，吾止也。譬如平地，虽覆一篑，进，吾往也。"

9.19　子曰："语之而不惰者，其回也与。"

后一念而方领解，即是惰；先一念而预相迎，亦是惰。如空谷受声，干土受润，大海受雨，明镜受像，随语随纳，不将不迎，方是不惰。

9.20 子谓颜渊曰："惜乎！吾见其进也，未见其止也。"

进是下手，止是归宿。正在学地，未登无学。奈何便死，真实可惜。

9.21 子曰："苗而不秀者，有矣夫；秀而不实者，有矣夫。"

令人惕然深省。

补注 苗是生信，秀是开解起行，实是证真。

9.22 子曰："后生可畏，焉知来者之不如今也？四十、五十而无闻焉，斯亦不足畏也已。"

今日立志，后来满其所期，所以可畏。四十、五十而不闻道，不能酬今所立之志，则越老越不如后生矣。大凡学道之人，只是不负初心所期，便为大妙。故不必胜今，只须如今，便可畏耳。

9.23 子曰："法语之言，能无从乎？改之为贵。巽与之言，能无说乎？绎之为贵。说而不绎，从而不改，吾末如之何也已矣。"

卓吾云："'与'字最妙，即以法语之言，巽与之言耳。舍法，便无以正人。后三语，深望其改与绎也。"

9.24 子曰："主忠信，毋友不如己者，过则勿惮改。"

9.25 子曰："三军可夺帅也，匹夫不可夺志也。"

卓吾云："三军夺帅，亦非易事，借此以极其形容耳。"

9.26 子曰："衣敝缊袍，与衣狐貉者立，而不耻者，其由也与？'不忮不求，何用不臧'。"
子路终身诵之，子曰："是道也，何足以臧？"

《诗》之妙，在一"用"字。夫子说子路之病，在一"足"字。用，则日进；足，则误谓到家，不知正是道途边事耳。

9.27 子曰："岁寒，然后知松柏之后凋也。"

王安石诗云："周公吐握勤劳日，王莽谦恭下士时。假使当年身便死，一生真伪有谁知。"可与此节书作注脚。

9.28 子曰："知者不惑，仁者不忧，勇者不惧。"

卓吾曰："使人自考。"

方外史曰："三个'者'字，只是一人，不是三个人也。"

9.29 子曰："可与共学，未可与适道；可与适道，未可与立；可与立，未可与权。"

连说三个"未可"，正要他勉到可处。

9.30 "唐棣之华，偏其反而。岂不尔思？室是远而。"子曰："未之思也，夫何远之有？"

此与"思无邪"一语参看，便见"兴于诗"的真正学问，亦可与佛门中念佛三昧作注脚。

卓吾云："人之所以异于禽兽，全在思；人之所以可为圣贤，全在思。故力为辩之，不但为一诗翻案而已。"

乡党第十

10.1　孔子于乡党，恂恂如也，似不能言者。其在宗庙朝廷，便便言，唯谨尔。

朝，与下大夫言，侃侃如也；与上大夫言，訚訚如也。君在，踧踖如也，与与如也。

君召使摈，色勃如也，足躩如也。揖所与立，左右手，衣前后，襜如也。趋进，翼如也。宾退，必复命曰："宾不顾矣。"

入公门，鞠躬如也，如不容。立不中门，行不履阈。过位，色勃如也，足躩如也，其言似不足者。摄齐升堂，鞠躬如也，屏气似不息者。出，降一等，逞颜色，怡怡如也。没阶，趋进，翼如也。复其位，踧踖如也。

执圭，鞠躬如也，如不胜。上如揖，下如授。勃如战色，足蹜蹜如有循。享礼，有容色。私觌，愉愉如也。

上阶如揖，身微俯也；下阶如授，身稍直也。

10.2　君子不以绀緅饰，红紫不以为亵服。当暑，衫绤绤，必表而出之。缁衣羔裘，素衣麑裘，黄衣狐裘。
亵裘长，短右袂。必有寝衣，长一身有半。

吴建先曰："寝衣，即被也。被长一身有半，则可。若别作衣，著之而寝，如此之长，如何起止？甚为可笑。"

或曰："寝衣，只有半身长，如今人所作短衫也。"亦通。

10.3 狐貉之厚以居。去丧，无所不佩。非帷裳，必
杀之。羔裘玄冠不以吊。吉月，必朝服而朝。齐，必有
明衣，布。齐必变食，居必迁坐。

补注 此即孔子斋戒之相，与佛所说斋戒相同。明衣，谓新
净布衣；变食，谓不饮酒，不食荤肉；迁坐，谓不坐高广床座。

10.4 食不厌精，脍不厌细。

但云"不厌"耳，非刻意求精细也。

补注 厌，足也，与餍同。不厌，谓不多食。可知疏食菜羹，
是孔子平日家风。《乡党》所载食肉诸文，或是君赐，或是享礼，
或朋友之馈祭肉。然且色恶不食，臭恶不食，失饪不食，不时不
食，割不正不食，沽酒市脯不食，则孔子固以疏食饮水为乐者也。
杀生食肉，违佛禁戒，亦未得为孔子徒也。

10.5 食饐而餲，鱼馁而肉败，不食。色恶不食，
臭恶不食，失饪不食，不时不食，割不正不食，不得其

酱不食。

色恶，即今所谓落色，如黑鱼犬鳖之类；臭恶，即葱韭蒜等；割不正，谓不当杀而杀，或非分，或非时也；不得其酱，恐致伤人。故皆不食。

10.6　肉虽多，不使胜食气。惟酒无量，不及乱。

生得如此好酒量，尚以不为酒困为愧，可见禹恶旨酒，佛门戒酒，方是正理。济颠，林酒仙之属，一时权变，不可为典要也。

10.7　沽酒市脯不食。

只是不坐在酒店饭店中饮食耳。难道他人请孔子，定要自做酒，自杀牲？

10.8　不撤姜食，不多食。祭于公，不宿肉。祭肉不出三日，出三日，不食之矣。食不语，寝不言。虽疏食菜羹瓜祭，必齐如也。

补注　言虽疏食菜羹瓜果之类，必先祭而后食，祭必斋如也。所谓"一粥一饭，当思来处不易"，故修行人于早中二时，当先供三宝祖先，而后自食。

10.9　席不正，不坐。

不正，谓不依长幼尊卑之叙。

10.10 乡人饮酒，杖者出，斯出矣。乡人傩，朝服而立于阼阶。

亦是爱礼极思。

10.11 问人于他邦，再拜而送之。

康子馈药，拜而受之，曰："丘未达，不敢尝。"

厩焚。子退朝，曰："伤人乎？"不问马。

君赐食，必正席先尝之。君赐腥，必熟而荐之。君赐生，必畜之。

补注 君赐生必畜之，此即孔子之护生戒杀。

10.12 侍食于君，君祭，先饭。

疾，君视之，东首，加朝服，拖绅。

君命召，不俟驾行矣。

入太庙，每事问。

朋友死，无所归，曰："于我殡。"

朋友之馈，虽车马，非祭肉，不拜。

10.13 寝不尸，居不容。

吉祥而卧，故不尸。

补注 右胁著席而卧，谓之吉祥。临终吉祥而逝，生净土之瑞相也；平时习惯如此，亦令气脉流通。

10.14 见齐衰者，虽狎，必变。见冕者与瞽者，虽亵，必以貌。

凶服者式之，式负版者。

有盛馔，必变色而作。

迅雷风烈，必变。

升车，必正立，执绥。车中不内顾，不疾言，不亲指。

色斯举矣，翔而后集，曰："山梁雌雉，时哉时哉！"子路共之，三嗅而作。

也是实事，也是表法。只一"时哉时哉"四字，便将《乡党》一篇血脉收尽，而实从时习中来，故得时措之宜，名为时中之圣也。

三鸣而作，正色斯举矣之证，正举、集皆时之验。雉者，文明之物；雌者，述而不作之象；山梁者，既非庙堂，亦非穷谷，乃不行于天下，而行于后世之象。

按《家语》，孔子尝自筮，而得贲卦，愀然有不平之状，谓："丹漆不文，白玉不雕，质有余，则不受饰。今贲非吾兆，以其饰也。"盖孔子是时，《易》学未精耳。后于《杂卦传》云："贲，无色也。"则得之矣。离为雉，艮为山，故云"山梁雌雉，时哉时哉"。

补注 色斯举矣，翔而后集，而其本性不动也，不动而随缘，故曰"时哉时哉"。贲之有色，相也；其无色，性也。贲，无色也。犹《心经》言"色即是空"，不待色灭方为空也，以色是因缘和合，虚妄幻现，故谓之空。

先进第十一

11.1 子曰："先进于礼乐，野人也；后进于礼乐，君子也。如用之，则吾从先进。"

先进的确有野人气象，后进的确是君子气象。但君子的确不如野人，故评论须如此，用之须如彼。

补注 礼与其奢也宁俭，乐与其荡也激也宁和而平。礼乐唯心所生，亦即正心之具也，心正而身修家齐国治天下平矣。今礼俭乐和，无如佛制，昔宋程子观于丛林僧制，曰："三代威仪在是矣。"诚笃论也。如能用之天下，则世界文明有日矣。（俭朴和平之礼乐，野人与能焉，孔子从先进，欲礼乐之普及于野人也。）

11.2 子曰："从我于陈、蔡者，皆不及门也。"

德行：颜渊、闵子骞、冉伯牛、仲弓。言语：宰我、子贡。政事：冉有、季路。文学：子游、子夏。

陈旻昭曰："夫子寻常不喜言语，故或云'文莫吾犹人也'，或云'焉用佞'，或云'予欲无言'，乃教人。何以仍立言语一科耶？盖空言，则非圣人所取，而有益之言，可裨于世道，可发明至理者，则又不可废也。圣门第一能言，莫若宰我，于'井有仁'章及'三年丧'章见之。第二能言，莫若子贡，于'足食足兵'章见之。皆有关于世道人心之甚者也。"

补注 德行以修己，政事以安人，言语以为法于天下，文学以流传于后世。圣门具此四科，而木铎之全体大用全矣。四者兼之则孔子也，四科皆德行所摄，故颜渊称具体而微。

11.3 子曰："回也，非助我者也，于吾言无所不说。"

人问王阳明曰："圣人果以相助，望门弟子否？"阳明曰："亦是实话。此道本无穷尽，问难愈多，则精微愈显。圣人之言，本是周遍，但有问难的人胸中窒碍，圣人被他一难，发挥得愈加精神。若颜子胸中了然，如何得问难，故圣人亦寂然不动，无所发挥。"

11.4 子曰："孝哉闵子骞！人不间于其父母昆弟之言。"

从他格亲苦心处表出。

11.5 南容三复白圭，孔子以其兄之子妻之。

11.6 季康子问："弟子孰为好学？"孔子对曰："有颜回者好学，不幸短命死矣，今也则亡。"

说了又说，深显曾子子思，不能传得出世道脉。

11.7 颜渊死，颜路请子之车以为之椁。子曰："才不才，亦各言其子也。鲤也死，有棺而无椁。吾不徒行以为之椁，以吾从大夫之后，不可徒行也。"

颜路只是一个流俗知见，如何做得回的父亲。

11.8 颜渊死，子曰："噫！天丧予！天丧予！"

补注 此当与"子畏于匡，颜渊后"章合看，可见圣贤相与之心，如空合空，融洽无间。

11.9 颜渊死，子哭之恸。从者曰："子恸矣。"曰："有恸乎？非夫人之为恸而谁为？"

朝闻夕死，夫复何憾？只是借此以显道脉失传，杜后儒之冒认源流耳。若作孔子真如此哭，则呆矣。

11.10 颜渊死，门人欲厚葬之。子曰："不可。"
门人厚葬之。子曰："回也视予犹父也，予不得视犹子也。非我也，夫二三子也。"

卓吾云："不是推干系。"
方外史曰："孔子待回厚到底，后之欲厚其子弟者，思之！"

11.11 季路问事鬼神。子曰："未能事人，焉能事鬼？""敢问死。"子曰："未知生，焉知死？"

季路看得死生是两橛，所以认定人鬼亦是两事。孔子了知十法界不出一心，生死哪有二致，正是深答子路处。程子之言，颇得之。

补注 知本性无生无死，然后知生知死；知本性非人非鬼，然后能事人事鬼。一切众生，皆有佛性，一切人鬼皆当愿其成佛，此事人事鬼之大道也。

11.12 闵子侍侧，訚訚如也；子路，行行如也；冉有、子贡，侃侃如也。子乐。"若由也，不得其死然。"

11.13 鲁人为长府，闵子骞曰："仍旧贯，如之何？何必改作？"子曰："夫人不言，言必有中。"

卓吾云："劝鲁人也，非赞闵子也。"

11.14 子曰："由之瑟奚为于丘之门？"门人不敬子路，子曰："由也升堂矣，未入于室也。"

收之则升堂，拣之则门外。可参！

11.15 子贡问："师与商也孰贤？"子曰："师也过，商也不及。"

曰："然则师愈与？"子曰："过犹不及。"

卓吾云："然则师愈，子贡却呈自己供状；过犹不及，夫子亦下子贡钳锤。"

11.16 季氏富于周公，而求也为之聚敛，而附益之。子曰："非吾徒也，小子鸣鼓而攻之，可也。"

卓吾云："攻求，正所以攻季氏。"

11.17 柴也愚，参也鲁，师也辟，由也喭。

卓吾云："识得病，便是药。"

11.18 子曰："回也其庶乎，屡空。赐不受命，而货殖焉，亿则屡中。"

凡夫受命所缚，贤人能不受命，惟圣人真学问，则知命而不必转命，是故有志为圣人者，只须俟命。今直以"屡空"二字，传颜子之神，作子贡之药。子贡一生，吃了亿则屡中之亏，便不受命，而货不觉其自殖矣。

11.19 子张问善人之道。子曰："不践迹，亦不入于室。"

此须四句料拣。一践迹而入室，君子也；二不践迹而入室，圣人也；三不践迹而不入室，善人也；四践迹不入室，有恒也。

11.20 子曰："论笃是与，君子者乎？色庄者乎？"

不但教人勘他，亦是要人自勘。

11.21 子路问："闻斯行诸？"子曰："有父兄在，如之何其闻斯行之？"

冉有问："闻斯行诸？"子曰："闻斯行之。"

公西华曰："由也问闻斯行诸，子曰'有父兄在'；求也问闻斯行诸，子曰'闻斯行之'。赤也惑，敢问。"子曰："求也退，故进之；由也兼人，故退之。"

卓吾云："赤原不问由、求，还问赤耳。"

方外史曰："答由、求，即是答赤。"

11.22 子畏于匡，颜渊后。子曰："吾以女为死矣。"曰："子在，回何敢死。"

卓吾云："'吾以汝为死'，惊喜之辞。'子在，回何敢死'，谁人说得出？"

方外史曰："悟此，方知圣人不必恸哭，又知圣人必须恸哭。"

11.23 季子然问："仲由、冉求可谓大臣与？"子曰："吾以子为异之问，曾由与求之问。所谓大臣者，以道事君，不可则止。今由与求也，可谓具臣矣。"

曰："然则从之者与？"子曰："弑父与君，亦不从也。"

字字铁钺，足使子然丧魄。

11.24 子路使子羔为费宰。子曰："贼夫人之子。"

子路曰："有民人焉，有社稷焉，何必读书，然后为学？"

子曰："是故恶夫佞者。"

夫子元不责子羔不读书，子路哪得知之？

补注 恶夫佞者，谓恶夫读书而不能教民人安社稷者也。能言而不能行，故谓之佞。此章当与《左传》"郑子皮欲使尹何为邑"章合读。

11.25 子路、曾皙、冉有、公西华侍坐。

子曰："以吾一日长乎尔，毋吾以也。居则曰'不吾知也'，如或知尔，则何以哉？"

圣贤心事，虽隐居求志，而未尝置天下于度外；虽遑遑汲汲，而未尝横经济于胸中。识得此意，方知禹稷颜子，易地皆然。奈四子各见一边，终不能知孔子行处，故因此侍坐，巧用钳锤。以曾点之病，为三子之药；又以三子之病，为曾点之药也。

子路率尔而对曰："千乘之国，摄乎大国之间，加之以师旅，因之以饥馑。由也为之，比及三年，可使有勇，且知方也。"夫子哂之。

子路说的句句不虚，又且高兴热闹，所以夫子为之抚掌大笑。

袁了凡曰："《礼》云'笑不至矧'。矧，与哂同，露龈大笑也。居丧则笑不至矧，今言志时，闻此畅谈，何妨大笑？若注云微笑，则成尖酸气象矣。"

"求！尔何如？"对曰："方六七十，如五六十，求也为之，比及三年，可使足民。如以礼乐，以俟君子。"

"赤！尔何如？"对曰："非曰能之，愿学焉。宗庙之事，如会同，端章甫，愿为小相焉。"

"点，尔何如？"鼓瑟希，铿尔，舍瑟而作，对曰："异乎三子者之撰。"子曰："何伤乎，亦各言其志也。"曰："莫春者，春服既成，冠者五六人，童子六七人，浴乎沂，风乎舞雩，咏而归。"夫子喟然叹曰："吾与点也！"

铿尔者，舍瑟之声。此非与点，乃借点以化三子之执情耳。

补注 先言鼓瑟，次言希，次言铿尔，次言舍瑟，而后言作，写出曾点从容不迫气象。希是瑟声渐淡，铿尔是弦外余音，舍瑟是安置得所，作是答问之礼。春是生机盎然，冠者童子是作圣之基，"浴乎沂，风乎舞雩，咏而归"，内外清净，是养正之道。政化及于一时，教泽流于万世，政教不可偏废，故孔子叹曰："吾与点。"而亦兼赞由、求、赤之能为邦也。

三子者出，曾皙后。曾皙曰："夫三子者之言，何如？"子曰："亦各言其志也已矣。"

曰："夫子何哂由也？"

曰："为国以礼，其言不让，是故哂之。唯求则非邦也与？安见方六七十，如五六十，而非邦也者？唯赤则非邦也与？宗庙会同，非诸侯而何？赤也为之小，孰能为之大？"

不哂其为国之事，特哂其不让之言耳。既说为国，又说非邦也与，正是与三子以补点之虚证。一直皆夫子之言，不是一问一答也。

颜渊第十二

12.1 颜渊问仁。僧问和尚："如何是佛？"子曰："克己复礼为仁，一日克己复礼，天下归仁焉。为仁由己，而由人乎哉？"和尚答曰："只你便是。"

颜渊曰："请问其目。"僧又问曰："如何保任？"子曰："非礼勿视，非礼勿听，非礼勿言，非礼勿动。"和尚答曰："一翳在目，空华乱坠。"

颜渊曰："回虽不敏，请事斯语矣。"僧礼拜。

克，能也。能自己复礼，即名为仁。一见仁体，则天下当下消归仁体，别无仁外之天下可得。犹云十方虚空，悉皆消殒，尽大地是个自己也，故曰"由己"。由己，正即克己。"己"字，不作两解。

夫子此语，分明将仁体和盘托出，单被上根，所以颜子顿开妙悟，只求一个入华屋之方便，故云"请问其目"。目者，眼目，譬如画龙须点睛耳。所以夫子直示下手工夫，正所谓流转生死，安乐涅槃，惟汝六根，更非他物。视听言动，即六根之用，即是自己之事，非教汝不视不听不言不动，只要拣去非礼，便即是礼。礼复，则仁体全矣。

古云"但有去翳法，别无与明法"，《经》云"知见立知，即无明本；知见无见，斯即涅槃"。立知，即是非礼。今勿视勿听勿言勿动，即是知见无见也。此事人人本具，的确不由别人，只贵直下承当，有何利钝可论，故曰"回虽不敏，请事斯语"。从此三月不违，进而未止，方名好学。岂曾子、子思，所能及哉？

12.2 仲弓问仁。子曰："出门如见大宾，使民如承大祭。己所不欲，勿施于人。在邦无怨，在家无怨。"

仲弓曰："雍虽不敏，请事斯语矣。"

"出门"四句，即是非礼勿视、听、言、动之意。邦、家无怨，即是天下归仁之意。但为中根人说，便说得浅近些，使其可以承当。

卓吾云："'出门'二句，即居敬也；'己所'二句，即行简也；'在邦'二句，即以临其民，不亦可乎也。"

王阳明曰："亦只是自家无怨，如不怨天不尤人之意。"

12.3 司马牛问仁。子曰："仁者，其言也讱。"

曰："其言也讱，斯谓之仁矣乎？"子曰："为之难，言之得无讱乎？"

其言也讱，不是讱言，全从"仁者"二字来，直是画出一个仁者行乐图。牛乃除却"仁者"二字，只说其言也讱，便看得容易了，故即以"为之难"三字药之。

12.4 司马牛问君子。子曰："君子不忧不惧。"

曰："不忧不惧，斯谓之君子矣乎？"子曰："内省不疚，夫何忧何惧？"

不从"君子"二字上，悟出不忧不惧根源，便是不内省处。

12.5 司马牛忧曰："人皆有兄弟，我独亡。"子夏曰："商闻之矣：死生有命，富贵在天。君子敬而无失，与人恭而有礼。四海之内，皆兄弟也。君子何患乎无兄弟也？"

卓吾云："牛多言而躁，兄又凶顽不道，料必不相容者，故忧其将害己也。子夏以死生有命慰之，又教以处之之法。谓只待以恭敬，疏者可亲，况亲者乃反疏乎？盖劝其兄弟和睦也。"

12.6 子张问明。子曰："浸润之谮，肤受之愬，不行焉，可谓明也已矣。浸润之谮，肤受之愬，不行焉，可谓远也已矣。"

一指能蔽泰山，不受一指之蔽，则旷视六合矣。

12.7 子贡问政。子曰："足食，足兵，民信之矣。"子贡曰："必不得已而去，于斯三者何先？"曰："去兵。"子贡曰："必不得已而去，于斯二者何先？"曰："去食。自古皆有死，民无信不立。"

陈旻昭曰："假饶积粟巨万，岂名足食？使菽粟如水火，方名足食耳。假饶拥众百万，岂名足兵？如周武王观兵于孟津，诸侯不期而会者八百，方名足兵耳。足食足兵，民乃信之；则去食去兵，民亦信之矣。今时要务，正在去兵去食，不在调兵征粮也。"

方外史曰："竭赋税以足民食，练土著以足民兵，故民信之。必不得已而去兵，去官兵，正所以足民兵也。又不得已而去食，去官食，正所以足民食也。所以效死，而民弗去。今时不得已，则屯兵，兵屯而益不足矣。又不得已，则加税，税加而益不足矣。求无乱亡，得乎？圣贤问答，真万古不易之良政也。"又曰："既已死矣，且道有信，立个甚么？若知虽死而立，方知朝闻夕死，可矣！不是死而后已矣的。"

12.8 棘子成曰："君子质而已矣，何以文为？"

有激之言，快心之论，不可无一，不可有二。

子贡曰："惜乎！夫子之说君子也。驷不及舌。文犹质也，质犹文也。虎豹之鞟，犹犬羊之鞟。"

文，也是皮肤上事；质，也是皮肤上事。须要知文质从何处发生出来。譬如活虎豹、活犬羊，总是活的；若虎豹之鞟、犬羊之鞟，总是死货耳。子贡一生说话，只有此二句大似悟的。可与"文质彬彬"章参看。

12.9 哀公问于有若曰："年饥，用不足，如之何？"有若对曰："盍彻乎？"

曰："二，吾犹不足，如之何其彻也？"对曰："百姓足，君孰与不足？百姓不足，君孰与足？"

格言良策，万古不刊，当与"去食、去兵"章刻于宫殿。

12.10 子张问崇德辨惑。子曰："主忠信，徙义，崇德也。

能主，方能徙；不能徙，便是无主。

"爱之欲其生，恶之欲其死。既欲其生，又欲其死，是惑也。

四个"其"字，正显所爱所恶之境，皆自心所变现耳。同是自心所现之境，而爱欲其生，恶欲其死，所谓自心取自心，非幻成幻法也，非惑而何？

'诚不以富，亦只以异'。"宜在"有马千驷"章"其斯之谓与"上。

12.11 齐景公问政于孔子。孔子对曰："君君，臣臣，父父，子子。"公曰："善哉！信如君不君，臣不臣，父不父，子不子，虽有粟，吾得而食诸？"

12.12 子曰："片言可以折狱者，其由也与？"子路无宿诺。

12.13 子曰："听讼，吾犹人也。必也使无讼乎！"

12.14 子张问政。子曰："居之无倦，行之以忠。"

不曰"行无倦，居以忠"，便见合外内之道。

12.15 子曰："博学于文，约之以礼，亦可以弗畔矣夫！"

12.16 子曰："君子成人之美，不成人之恶，小人反是。"

请各各自思之。

12.17 季康子问政于孔子。孔子对曰："政者，正也。子帅以正，孰敢不正？"

12.18 季康子患盗，问于孔子。孔子对曰："苟子之不欲，虽赏之不窃。"

12.19 季康子问政于孔子，曰："如杀无道，以就有道，何如？"孔子对曰："子为政，焉用杀？子欲善，而民善矣。君子之德，风；小人之德，草。草上之风，必偃。"

三节，都提出一个"子"字，正是君子求诸己，乃端本澄源之论。

补注 自正其身，而人正矣；自杀其恶，而民善矣。以杀人为政者，杀其躯壳，而恶心不死也。若以无道杀，则怨怨相报，无有穷期，而天灾人祸频来矣。若得善人为政，遍天下狱囚，而晓以三归五戒之善，生死轮回之苦，吃素念佛中求生净土之乐。俟其痛悔修善，然后减轻其罚，则死刑可废也。

故佛法杀人，不断一命，不损一毛，而恶心自灭，《易》所谓"神武而不杀"者也。盖一切众生，皆有佛性，但随恶缘，而习于为恶，虽沉沦畜生饿鬼地狱之三恶道，而佛性不变，况人道乎？愿为政者，认识佛法，为救国救世无上正道，以至诚之心，躬自倡导，先正其身，而齐其家，然后施之国政，则风行草偃之效无难也。

12.20 子张问："士何如斯可谓之达矣？"子曰："何哉，尔所谓达者？"

子张对曰："在邦必闻，在家必闻。"子曰："是闻也，非达也。夫达也者，质直而好义，察言而观色，虑以下人，在邦必达，在家必达。夫闻也者，色取仁而行违，居之不疑，在邦必闻，在家必闻。"

真正好先生。金沙不滥，药病灼然。

12.21 樊迟从游于舞雩之下，曰："敢问崇德，修慝，辨惑。"子曰："善哉问！先事后得，非崇德与？攻其恶，无攻人之恶，非修慝与？一朝之忿，忘其身，以及其亲，非惑与？"

12.22 樊迟问仁，子曰："爱人。"问知，子曰："知人。"

樊迟未达。子曰："举直错诸枉，能使枉者直。"

樊迟退，见子夏曰："乡也吾见于夫子而问知，子曰'举直错诸枉，能使枉者直'，何谓也？"

子夏曰："富哉言乎！舜有天下，选于众，举皋陶，不仁者远矣。汤有天下，选于众，举伊尹，不仁者远矣。"

12.23 子贡问友。子曰："忠告而善道之，不可则止，毋自辱焉。"

自辱，则反带累朋友，所以不可。若知四悉随机，方可自利利他。

12.24 曾子曰："君子以文会友，以友辅仁。"

为莲故华，以文会友也；华开莲现，以友辅仁也。

子路第十三

13.1　子路问政。子曰：“先之，劳之。”请益，曰：“无倦。”

先、劳，并去声呼之。先之，创其始也；劳之，考其终也；无倦，精神贯彻于终始也。

卓吾云：“请益处，便是倦根，故即以无倦益之。”

13.2　仲弓为季氏宰，问政。子曰：“先有司，赦小过，举贤才。”

曰：“焉知贤才而举之？”曰：“举尔所知，尔所不知，人其舍诸？”

仲弓独问举贤才，可谓知急先务。

13.3　子路曰：“卫君待子而为政，子将奚先？”子曰：“必也正名乎！”

子路曰：“有是哉，子之迂也！奚其正？”子曰：“野哉，由也！君子于其所不知，盖阙如也。名不正，则言不顺；言不顺，则事不成；事不成，则礼乐不兴；礼乐不兴，则刑罚不中；刑罚不中，则民无所措手足。故君子名之，**必可言也**；言之，**必可行也**。君子于其言，无所苟而已矣。"

人问王阳明曰："孔子正名，先儒说'上告天子，下告方伯，废辄立郢'，此意如何？"阳明答曰："恐难如此，岂有此人致敬尽礼，待我为政，我就先去废他，岂人情天理耶？孔子既肯与辄为政，必辄已能倾心委国而听。圣人盛德至诚，必已感化卫辄，使知无父之不可以为人，必将痛哭奔走，往迎其父。父子之爱，本于天性，辄能痛悔，真切如此，蒯瞆岂不感动底豫？蒯瞆既还，辄乃致国请戮。瞆已见化于子，又有孔子至诚调和其间，当亦决不肯受，仍以命辄，群臣百姓又必欲得辄为君。辄乃自暴其罪恶，请于天子，告于方伯诸侯，而必欲致国于父。瞆与群臣百姓，亦皆表辄悔悟仁孝之美，请于天子，告于方伯诸侯，必欲得辄为君。于是集命于辄，使之复君卫国，辄不得已，乃如后世上皇故事，尊瞆为太公，备物致养，而始自复其位。则君君，臣臣，父父，子子，名正言顺，一举而可为政于天下矣。孔子正名，或是如此。"

13.4 樊迟请学稼，子曰："吾不如老农。"请学为圃，曰："吾不如老圃。"

樊迟出，子曰："小人哉，樊须也！上好礼，则民莫敢不服；上好义，则民莫敢不服；上好信，则民莫敢不用情。夫如是，则四方之民，襁负其子而至矣，焉用稼？"

宁为提婆达多，不为声闻缘觉。非大人，何以如此？

补注 提婆达多，示现逆行，而授记成佛；声闻缘觉，安于小乘，而不求作佛。读《法华经·提婆达多品》及《信解品》可知。

13.5 子曰："诵《诗》三百，授以之政，不达；使于四方，不能专对。虽多，亦奚以为？"

诵《诗》者，思之！

补注 诵《诗》三百，孔子以为多矣，可知但专一经，已是足用，若不能致用，虽多奚为？

13.6 子曰："其身正，不令而行；其身不正，虽令不从。"

13.7 子曰："鲁卫之政，兄弟也。"

13.8 子谓卫公子荆，"善居室。始有，曰'苟合矣'；少有，曰'苟完矣'；富有，曰'苟美矣'。"

13.9 子适卫，冉有仆。子曰："庶矣哉！"
冉有曰："既庶矣，又何加焉？"曰："富之。"
曰："既富矣，又何加焉？"曰："教之。"

卓吾曰："一车问答，万古经纶。"

补注 若问何自而庶，何自而富？则必曰 "教"。可知教是澈始澈终之事，既庶既富之后需教，未庶未富之先尤需教也。今机器横夺人工，外货倾销中国，国人喜用外货，若不广行自制本货，自用本货之教令，则贫困日甚，庶富无期，愿国人恐惧而急图之也。

13.10 子曰："苟有用我者，期月而已可也，三年有成。"

这才不是说真方，卖假药的。

13.11 子曰："'善人为邦百年，亦可以胜残去杀矣'，诚哉是言也！"

深痛杀业，深思善人。

补注 此当与《孟子》"公孙丑问曰：'夫子当路于齐，管仲晏子之功，可复许乎？'"章合观。孔子曰 "善人为邦百年，可以胜残去杀"，而孟子言 "以齐王犹反手也"，盖饥者易为食，渴者易为饮，人民痛苦愈深，则望治之心愈切。唐魏征尝举此义，以对太宗之问，其后贞观之治，甫四年，而夜户不闭，道不拾遗。盖唐初于经战之地，皆令建佛寺，其时高僧林立，宣扬佛法，赞助王化，故收效尤速也。今世乱益急，人民归佛者亦日多，若得政府躬行倡导，明令弘扬之力，则解倒悬而出水火，去残杀而修仁慈，非难事矣。

13.12 子曰："如有王者，必世而后仁。"

可见五浊甚难化度。

补注 佛谓此娑婆世界为五浊恶世。五浊者，劫浊、见浊、烦恼浊、众生浊、命浊也。劫浊，谓浊法聚会之时；见浊，谓邪见增盛，昏迷汩没；烦恼浊，谓贪嗔痴慢疑五者，烦动恼乱其心；众生浊，谓所感粗弊身心，并皆陋劣；命浊，谓因果并劣，寿命短促，不满百岁。具此五浊，故昏迷苟且，不易化度也。转浊为净，莫如净土念佛法门，行易而功高，化普而效速，诚宝中之王也。

13.13 子曰："苟正其身矣，于从政乎何有？不能正其身，如正人何？"

不正身之人，难道不要正人耶？故以此提醒之。

13.14 冉有退朝。子曰："何晏也？"对曰："有政。"子曰："其事也。如有政，虽不吾以，吾其与闻之。"

卓吾曰："一字不肯假借如此。"

13.15 定公问："一言而可以兴邦，有诸？"孔子对曰："言不可以若是其儿也。人之言曰'为君难，为臣不易'，如知为君之难也，不儿乎一言而兴邦乎？"

曰："一言而丧邦，有诸？"孔子对曰："言不可以若是其儿也。人之言曰'予无乐乎为君，唯其言而莫予违也'，如其善而莫之违也，不亦善乎？如不善而莫之违也，不几乎一言而丧邦乎？"

四个"几"字一样看，皆是容易之意。《传》曰："几者，动之微。知几其神。"可以参看。

13.16 叶公问政。子曰："近者说，远者来。"

13.17 子夏为莒父宰，问政。子曰："无欲速，无见小利。欲速，则不达；见小利，则大事不成。"

观心者，亦当以此为箴。

13.18 叶公语孔子曰："吾党有直躬者，其父攘羊，而子证之。"孔子曰："吾党之直者异于是，父为子隐，子为父隐，直在其中矣。"

才有第二念起，便不直。此即菩萨不说"四众过戒"也。

补注 《梵网经》菩萨十重戒第六说"四众过戒"。四众者，出家比丘、比丘尼，在家优婆塞、优婆夷，所谓同法四众也。莲池大师云："既云同法，若遇有过，应当三谏殷勤，密令悔改，内全僧体，外护俗闻。而乃恣口发扬，贻羞佛化，岂大士之心耶？"同法尚尔，况父子乎？

13.19 樊迟问仁。子曰："居处恭，执事敬，与人忠。虽之夷狄，不可弃也。"

也只是克己复礼，而变文说之。

13.20　子贡问曰："何如斯可谓之士矣？"子曰："行己有耻，使于四方，不辱君命，可谓士矣。"

曰："敢问其次。"曰："宗族称孝焉，乡党称弟焉。"

曰："敢问其次。"曰："言必信，行必果，硁硁然小人哉，抑亦可以为次矣。"

曰："今之从政者，如何？"子曰："噫！斗筲之人，何足算也。"

若人知有自己，便做不得无耻之行。此句便是士之根本，三节只是前必具后，后不具前耳。子贡从来不识自己，所以但好做个瑚琏，虽与斗筲贵贱不同，同一器皿而已。

卓吾云："孝弟，都从有耻得来。必信必果，也只为不肯无耻。今之从政者，只是一个无耻。"

补注　自念我与诸佛，同具佛性，同为凡夫，而今诸佛成道以来，已经无量尘沙劫数，度脱无量众生，而我犹是耽染六尘，轮转生死，永无出离，此是天下可惭可愧、可羞可耻之甚者也。具此耻心，方能勉行圣道。

13.21　子曰："不得中行而与之，必也狂狷乎！狂者，进取；狷者，有所不为也。"

狂狷，就是狂简。狂则必简，简即有所不为；有所不为，只是行己有耻耳。孟子分作两人解释，孔子不分作两人也。若狂而不狷，狷而不狂，有何可取？

13.22　子曰："南人有言曰'人而无恒，不可以作巫医'，善夫！"

"不恒其德，或承之羞。"子曰："不占而已矣。"

观象玩占之人，决不无恒。无恒，即是无耻。

补注　谓不恒其德者不待占卜，而已知其必承之羞也。

13.23　子曰："君子和而不同，小人同而不和。"

无诤故和，知差别法门故不同；情执是同，举一废百故不和。

13.24　子贡问曰："乡人皆好之，何如？"子曰："未可也。"

"乡人皆恶之，何如？"子曰："未可也，不如乡人之善者好之，其不善者恶之。"

不善者恶，正是好处，何必怪他不善者之恶耶？

13.25　子曰："君子易事而难说也，说之不以道，不说也。及其使人也，器之。小人难事而易说也，说之虽不以道，说也。及其使人也，求备焉。"

君子悦道，悦即非悦；小人好悦，道即非道。

13.26　子曰："君子泰而不骄，小人骄而不泰。"

泰，故坦荡荡，从戒慎恐惧来。骄，故长戚戚，从无忌惮来。

13.27　子曰："刚、毅、木、讷，近仁。"

不是质近乎仁，只是欲依于仁者，须如此下手耳。

卓吾云："刚毅木讷都是仁，仁则并无刚毅木讷矣。"

13.28　子路问曰："何如斯可谓之士矣？"子曰："切切偲偲，怡怡如也，可谓士矣。朋友切切偲偲，兄弟怡怡。"

卓吾云："兄弟易切切偲偲，朋友易怡怡，故分别言之。"

13.29　子曰："善人教民七年，亦可以即戎矣。"

卓吾云："说七年，便不是空话。"

13.30　子曰："以不教民战，是谓弃之。"

仁人之言，恻然可思。

补注　不修德教，而教民以战者，是弃之也。今之弃民者多矣，何以保国？

宪问第十四

14.1 宪问耻，子曰："邦有道，谷；邦无道，谷，耻也。"

卓吾曰："原思辞禄，欲脱其身于谷之外；孔子耻谷，欲效其身于谷之中。"

方外史曰："若知素位而行，便不肯脱身谷外。"

14.2 "克、伐、怨、欲不行焉，可以为仁矣？"子曰："可以为难矣，仁则吾不知也。"

为仁，决不是这样工夫。

14.3 子曰："士而怀居，不足以为士矣。"

得少为足，便是怀居，与"不知老之将至"相反。

14.4 子曰："邦有道，危言危行；邦无道，危行言孙。"

言逊，不是避祸，正是挽回世运之妙用耳。

14.5 子曰："有德者，必有言；有言者，不必有德。仁者，必有勇；勇者，不必有仁。"

有见地者，必有行履；有行履者，不必有见地。故古人云"只贵见地，不问行履"也，倘无行履，决非正见。

补注 自随唐倡科举，以至今日，皆是以言教人，以言取人，言愈盛而德愈衰矣。妄言非见地也，妄行非行履也。其根本在求仁，求仁莫如学佛，学佛则得大辩才、大无畏矣。

14.6 南宫适问于孔子曰："羿善射，奡荡舟，俱不得其死然。禹稷躬稼，而有天下。"夫子不答。

南宫适出，子曰："君子哉若人！尚德哉若人！"

千古至言，文不加点，故不答也。出后而赞，正是不答处，不答又就是赞处。

14.7 子曰："君子而不仁者有矣夫，未有小人而仁者也。"

警策君子，激发小人。小人若仁，便是君子，那有定名？

补注 《魏征上唐太宗疏》曰："君子不能无小恶，恶不积，无妨于正道；小人或时有小善，善不积，不足以立忠。"疑君子而信小人者，读之可以猛省矣。

14.8 子曰："爱之，能勿劳乎？忠焉，能勿诲乎？"

14.9 子曰："为命，裨谌草创之，世叔讨论之，行人子羽修饰之，东里子产润色之。"

作文要诀。

补注 出其言善，则千里之外应之；出其言不善，则千里之外违之。言不可以不慎也。

14.10 或问子产。子曰："惠人也。"

问子西。曰："彼哉！彼哉！"

问管仲。曰："人也。夺伯氏骈邑三百，饭疏食，没齿无怨言。"

补注 人也，犹言仁也，可知不仁即非人。使怨家无怒言，非仁者感化之深不能也。

14.11 子曰："贫而无怨，难；富而无骄，易。"

无怨就是乐。

14.12 子曰："孟公绰为赵魏老则优，不可以为滕、薛大夫。"

14.13 子路问成人。卓吾云："切问。"子曰："若臧武仲之知，公绰之不欲，卞庄子之勇，冉求之艺，文之以礼乐，亦可以为成人矣。"

卓吾云："知、廉、勇、艺是铜铁，礼乐是丹头。"

方外史曰："四子若能文之以礼乐，则四子便各各成人，非要兼四子之长也。礼是此心之节文，乐是此心太和，诚于中而形于外，故名为文，非致饰于外也。"

曰："今之成人者何必然？见利思义，见危授命，久要不忘平生之言，亦可以为成人矣。"

此与"得见有恒，抑亦可以为次"之意同。

卓吾云："然则今之不成人者极多矣。"

14.14 子问公叔文子于公明贾曰："信乎，夫子不言，不笑，不取乎？"

公明贾对曰："以告者过也。夫子时然后言，人不厌其言；乐然后笑，人不厌其笑；义然后取，人不厌其取。"

子曰："其然，岂其然乎？"

卓吾曰："是乐取之词，非猜疑之语。"

方外史曰："圣人见人之善，如己之善，与后儒自是不同。"

补注 曰"其然"者，是其时然后言，乐然后笑，义然后取之答也。"岂其然"者，谓所传不言、不笑、不取之非也。

14.15　子曰："臧武仲以防求为后于鲁，虽曰不要君，吾不信也。"

14.16　子曰："晋文公谲而不正，齐桓公正而不谲。"

14.17　子路曰："桓公杀公子纠，召忽死之，管仲不死。"曰："未仁乎？"子曰："桓公九合诸侯，不以兵车，管仲之力也。如其仁，如其仁。"

不以兵车，故如其仁，乃救刀兵劫之真心实话。

14.18　子贡曰："管仲非仁者与？桓公杀公子纠，不能死，又相之。"子曰："管仲相桓公，霸诸侯，一匡天下，民到于今受其赐。微管仲，吾其被发左衽矣。岂若匹夫匹妇之为谅也，自经于沟渎而莫之知也？"

大丈夫生于世间，惟以救民为第一义，小名小节，何足论也！天下后世受其赐，仁莫大焉。假使死节，不过忠耳，安得为仁？况又不必死者耶！当知召忽之死，特匹夫匹妇之谅而已矣。王圭、魏征，亦与管仲同是个人。若夫忠臣不事二君，烈女不更二夫，本非圣贤之谈，正是匹妇之谅。故《易辞》曰："恒其德贞，妇人吉，夫子凶。"大丈夫幸思之！

14.19　公叔文子之臣大夫撰，与文子同升诸公。子闻之曰："可以为文矣。"

卓吾云："因他谥文子，故曰'可以为文'。'文'字不必太泥，总之极其许可之词。"

14.20 子言卫灵公之无道也。康子曰："夫如是，奚而不丧？"孔子曰："仲叔圉治宾客，祝鮀治宗庙，王孙贾治军旅。夫如是，奚其丧？"

低低人，尚有大用若此，况肯用圣贤者乎？

14.21 子曰："其言之不怍，则为之也难。"

正要人怍。

14.22 陈成子弑简公。孔子沐浴而朝，告于哀公曰："陈恒弑其君，请讨之。"公曰："告夫三子。"

孔子曰："以吾从大夫之后，不敢不告也。君曰'告夫三子'者！"

之三子告，不可。孔子曰："以吾从大夫之后，不敢不告也。"

陈恒三子，一齐讨矣。

14.23 子路问事君。子曰："勿欺也，而犯之。"

不能阙疑，便是自欺，亦即欺君。

今之不敢犯君者，多是欺君者也。为君者喜欺，不喜犯，奈之何哉！

14.24 子曰："君子上达，小人下达。"

形而上者谓之道，形而下者谓之器。上达，故不器；下达，故成瑚琏斗筲等器。若不成器者，并非小人。

14.25 子曰："古之学者为己，今之学者为人。"

尽大地是个自己，所以度尽众生，只名为己。若见有己外之人可为，便非真正发菩提心者矣。

14.26 蘧伯玉使人于孔子。孔子与之坐而问焉，曰："夫子何为？"对曰："夫子欲寡其过，而未能也。"

使者出。子曰："使乎！使乎！"

千古圣贤真学问、真血脉，不亿使者一言点出，真奇！真奇！

14.27 子曰："不在其位，不谋其政。"

14.28 曾子曰："君子思不出其位。"

未之思也，夫何远之有？正是思不出其位。

14.29 子曰:"君子耻其言而过其行。"

卓吾云:"'耻'字,何等精神;'过'字,何等力量。"

补注 言过其行,即是妄语。佛教五戒:一不杀生以修仁,二不偷盗以修义,三不邪淫以修礼,四不妄语以修信,五不饮酒以修智。持五戒者,方得人身,破戒则非人也,故君子耻之。

14.30 子曰:"君子道者三,我无能焉。仁者不忧,知者不惑,勇者不惧。"子贡曰:"夫子自道也。"

仁者、知者、勇者,三个"者"字,正与道者"者"字相应,所谓一心三德,不是三件也。夫子自省,真是未能;子贡看来,直是自道。譬如《华严》所明,十地菩萨,虽居因位,而下地视之,则如佛矣。

14.31 子贡方人。子曰:"赐也贤乎哉?夫我则不暇。"

"不暇"二字,顶门针也。若能思齐内省,则虽妍媸立辨,不名为方人矣。

补注 可知圣人无时不是修己。

14.32 子曰:"不患人之不己知,患其不能也。"

何有于我哉?我无能焉,是吾忧也。则吾未之有得,皆患不能之真榜样也。

14.33 子曰："不逆诈，不亿不信，抑亦先觉者，是贤乎！"

不惟拣去世间逆亿，亦复拣去二乘作意神通矣。世人自多诈，则恒逆诈；自多不信，则恒亿不信。圣人哀之，故进以"先觉"二字。若欲先觉，须从不诈不疑、不逆不亿下手，直到至诚地位，自然任运先觉。苟不向心地克己复礼，而作意欲求先觉，便是逆亿了也。故曰"君子可欺"，唯可欺，方为君子耳。

14.34 微生亩谓孔子曰："丘何为是栖栖者与？无乃为佞乎？"孔子曰："非敢为佞也，疾固也。"

14.35 子曰："骥不称其力，称其德也。"

可以人而不如马乎？

14.36 或曰："以德报怨，何如？"子曰："何以报德？以直报怨，以德报德。"

达得怨亲平等，方是直。若见有怨，而强欲以德报之，正是人我是非未化处。怨宜忘，故报之以直，谓不见有怨也。德不可忘，故报之以德，谓知恩报恩也。

14.37 子曰："莫我知也夫！"子贡曰："何为其莫知子也？"子曰："不怨天，不尤人，下学而上达。知我者，其天乎？"

心外无天，故不怨天；心外无人，故不尤人。向上事，须从向下会取，故下学而上达。惟其下学上达，所以不怨不尤。今人离下学，而高谈上达，譬如无翅，妄拟腾空。

14.38 公伯寮愬子路于季孙。子服景伯以告，曰："夫子固有惑志于公伯寮，吾力犹能肆诸市朝。"子曰："道之将行也与，命也；道之将废也与，命也。公伯寮其如命何！"

子服眼中有伯寮，孔子了知伯寮不在子路命外；伯寮自谓愬得子路，孔子了知子路之命差遣伯寮。可见圣贤眼界胸襟。

14.39 子曰："贤者辟世，其次辟地，其次辟色，其次辟言。"

程子曰："四者非有优劣，所遇不同耳。"

补注 辟世，谓在世而出世；辟地，谓危邦不入，乱邦不居；辟色，谓同居一地，而不相见；辟言，谓常常相见，而不与之言。若圣人则自他不二，无能辟所辟，故曰"吾非斯人之徒与，而谁与"。

14.40 子曰："作者七人矣。"

14.41 子路宿于石门。晨门曰："奚自？"子路曰：

"自孔氏。"曰:"是知其不可,而为之者与?"

只此一语,描出孔子之神。盖知可而为者,伊尹、周公之类是也;知不可而不为者,伯夷、柳下惠等是也;知可而不为者,巢、许之类是也;知不可而为之者,孔子是也。若不知可与不可者,不足论矣。

14.42 子击磬于卫,有荷蒉而过孔氏之门者,曰:"有心哉,击磬乎!"既而曰:"鄙哉,硁硁乎!莫己知也,斯己而已矣。深则厉,浅则揭。"

子曰:"果哉!末之难矣。"

既知音,亦知心,但不知木铎之意耳。"果哉!末之难"却与"知不可而为之"作一注脚,可谓难行能行。

14.43 子张曰:"《书》云'高宗谅阴,三年不言',何谓也?"子曰:"何必高宗,古之人皆然。君薨,百官总己以听于冢宰三年。"

"古之人皆然"一句,伤今思古,痛甚!痛甚!

14.44 子曰:"上好礼,则民易使也。"

14.45 子路问君子。子曰:"修己以敬。"

曰:"如斯而已乎?"曰:"修己以安人。"

曰："如斯而已乎？"曰："修己以安百姓。修己以安百姓，尧舜其犹病诸。"

尽十方世界是个自己，竖穷横遍，其体、其量、其具，皆悉不可思议人。与百姓，不过自己心中所现一毛头许境界耳。子路只因不达自己，所以连用两个"如斯而已乎"。孔子见得"己"字透彻，所以说到尧舜犹病，非病不能安百姓也，只病修己未到极则处耳。

14.46 原壤夷俟。子曰："幼而不孙弟，长而无述焉，老而不死，是为贼。"以杖叩其胫。

以打骂作佛事。

14.47 阙党童子将命。或问之曰："益者与？"子曰："吾见其居于位也，见其与先生并行也。非求益者也，欲速成者也。"

为学日益，为道日损，人都看作两橛。若知下学而上达，则日益处，即日损处矣。今童子而能居位并行，何等志气，但恐其离下学而求上达，便使依乎中庸之道，故令之将命，所以实其操履耳。居位，即是欲立；并行，即是欲达。皆童子之所难能，故知不是仅求益者。

卓吾云："在居位并行处，见其欲速成，非不隔坐随行也。若不隔坐随行，一放牛小厮矣，何以将命？"

卫灵公第十五

15.1 卫灵公问陈于孔子。孔子对曰："俎豆之事，则尝闻之矣；军旅之事，未之学也。"明日遂行。

在陈绝粮，从者病，莫能兴。子路愠见曰："君子亦有穷乎？"子曰：'君子固穷，小人穷斯滥矣。"

只消愠见，便是滥。若知乐在其中，哪见有穷可愠？

15.2 子曰："赐也，女以予为多学而识之者与？"对曰："然，非与？"曰："非也，予一以贯之。"

卓吾云："腐儒谓'然，非与'处，不如曾子之'唯'，可发一笑。"

方外史曰："俗儒妄谓曾子传得孔子之道，则子贡亦传得孔子之道矣。孔子何以再叹'今也则亡'。"

15.3 子曰："由！知德者鲜矣。"

痛下一针。

15.4 子曰："无为而治者，其舜也与？夫何为哉？

恭己正南面而已矣。"

从来圣贤只有为人、为学、为德而已，断断无有为治者。若一有为治之心，则天下益乱矣。"恭己"二字，即是修己以敬，又即为人、为学、为德之实工夫。

15.5 子张问行。子曰："言忠信，行笃敬，虽蛮貊之邦行矣。言不忠信，行不笃敬，虽州里行乎哉？立则见其参于前也，在舆则见其倚于衡也，夫然后行。"子张书诸绅。

信而曰忠，敬而曰笃，对治子张病根也。参前倚衡，但尽其忠信笃敬耳，非以此求行也。惟不求行，夫然后行。

15.6 子曰："直哉史鱼！邦有道如矢，邦无道如矢。君子哉蘧伯玉！邦有道则仕，邦无道则可卷而怀之。"

春兰秋菊，各擅其美。

15.7 子曰："可与言而不与之言，失人；不可与言而与之言，失言。知者不失人，亦不失言。"

四悉檀。

补注 不失人亦不失言，则四悉檀具矣。悉，遍也；檀，施也。四悉檀者：一世界悉檀，是兴趣义，所以起信；二为人悉檀，是训导义，所以开解导行；三对治悉檀，是警策义，所以止恶生善；四第一义悉檀，是解脱义，所以显性证真。佛说一切法，不离四悉檀。

15.8 子曰："志士仁人，无求生以害仁，有杀身以成仁。"

如此，方名志士仁人。今之志士仁人，宜以此自勘。

15.9 子贡问为仁。子曰："工欲善其事，必先利其器。居是邦也，事其大夫之贤者，友其士之仁者。"

贤之与仁，皆吾利器也，奈何钝置之耶？

15.10 颜渊问为邦。子曰："行夏之时，乘殷之辂，服周之冕，乐则《韶》《舞》。放郑声，远佞人。郑声淫，佞人殆。"

王阳明曰："颜子具体圣人，其于为邦的大本大原，都已完备。夫子平日知之已深，到此都不必言，只就制度文为上说。此等处亦不可忽略，非要是如此，方尽善。又不可因自己本领是当了，便于防范上疏阔，须是要放郑声，远佞人。盖颜子是克己，向里德上用心的人，孔子恐其外面末节，或有疏略，故就他不足处，帮补说。若在他人，须告以为政在人，取人以身，修身以道，修道以仁，达道九经及诚身，许多工夫，方始做得。此方是万世常行之道，不然只去行了夏时，乘了殷辂，服了周冕，作了《韶》《舞》，天下岂便治得？"

补注 绮语即郑声，妄言即佞人，千数百年来，靡丽之骈体，淫荡之诗赋，谤佛非圣之文辞，皆郑声佞人教淫教殆之尤者也。国以为教，家以为学，而不知其非，天下大乱之所由来也。放之远之，删之毁之，而后天下可为也。

15.11 子曰："人无远虑，必有近忧。"

未超三界外，总在五行中，断尽二障，虑斯远矣。

15.12 子曰："已矣乎！吾未见好德，如好色者也。"

正是不肯绝望。

15.13 子曰："臧文仲其窃位者与！知柳下惠之贤而不与立也。"

诛心在一"知"字。

15.14 子曰："躬自厚而薄责于人，则远怨矣。"

厚责人者，只是不能自厚耳。

15.15 子曰："不曰'如之何，如之何'者，吾末如之何也已矣。"

毕竟将如之何？

补注 知因果，信轮回，善有所劝，恶有所惩，小人有所忌惮，然后可以教之为善。

周安士先生曰："人人信因果，大治之道也；人人不信因果，大乱之道也。虽圣人并起，无如之何矣。"

15.16 子曰："群居终日，言不及义，好行小慧，难矣哉！"

小慧与义正相反。

15.17 子曰："君子义以为质，礼以行之，孙以出之，信以成之。君子哉！"

行之，行此义也；出之，出此义也；成之，成此义也。

卓吾曰："不是以义为质，以礼行之，以孙出之，以信成之。"

方外史曰："须向'君子'二字上著眼。"

15.18 子曰："君子病无能焉，不病人之不己知也。"

15.19 子曰："君子疾没世而名不称焉。"

"称"字，去声。没世而实德不称君子之名，真可疾矣。

15.20 子曰："君子求诸己，小人求诸人。"

识得自己，自然求己。小人只是不知自己耳，哀哉！

15.21 子曰："君子矜而不争，群而不党。"

矜则易争，群则易党，故以不争不党为诫勉。

15.22 子曰："君子不以言举人，不以人废言。"

至明至公。

15.23 子贡问曰："有一言而可以终身行之者乎？"子曰："其恕乎！己所不欲，勿施于人。"

可行于天下，可行于万世，真是一以贯之。

15.24 子曰："吾之于人也，谁毁谁誉？如有所誉者，其有所试矣。斯民也，三代之所以直道而行也。"

人自谓在三代后，孔子视之，皆同于三代时。所以如来成正觉时，悉见一切众生成正觉。

补注 试，犹省也，如日省月试之试。视其所以，观其所由，察其所安也。

15.25 子曰："吾犹及史之阙文也。有马者借人乘之，今亡矣夫！"

不敢绝望。

15.26 子曰："巧言乱德。小不忍，则乱大谋。"

二皆自乱自己耳。

卓吾云："一失之浮，一失之躁。"

15.27 子曰："众恶之，必察焉；众好之，必察焉。"

上句为豪杰伸屈，下句为乡愿照胆。

15.28 子曰："人能弘道，非道弘人。"

可见，道只是人之所具，天地万物又只是道之所具。谁谓天地生人耶？

15.29 子曰："过而不改，是谓过矣。"

为三种忏法作前茅。

补注 千年暗室，一炬能消，忏悔犹炬也，无炬则永暗矣。忏法三种：一作法忏，向佛前披陈身口意罪，誓不复作；二取相忏，于定心中，运忏悔想，如佛来摩顶，以感瑞相，期消烦恼；三无生忏，正心端坐，而观无生之理，如《法华经》云"若欲忏悔者，端坐念实相；众罪如霜露，慧日能消除"。

15.30 子曰："吾尝终日不食，终夜不寝，以思，无益，不如学也。"

学、思，本非两事。言此，以救偏思之失耳。

15.31 子曰："君子谋道不谋食。耕也，馁在其中矣；学也，禄在其中矣。君子忧道不忧贫。"

卓吾云："作训词看。"

15.32 子曰："知及之，仁不能守之，虽得之，必失之；知及之，仁能守之，不庄以莅之，则民不敬；知及之，仁能守之，庄以莅之，动之不以礼，未善也。"

知及，仁守，是明明德；庄以莅之，是亲民；动之以礼，是止至善。不能庄莅、动礼，便是仁守不全；不能仁守，便是知之未及。思之！思之！如来得"三不护"，方可名动之以礼，故曰"修己以敬"，尧舜其犹病诸。

补注 如来身口意三业，纯净离过，不须防护，名为"三不护"。

15.33 子曰："君子不可小知，而可大受也；小人不可大受，而可小知也。"

不可小知，不可以思议测度之也。可大受，如大海能受龙王之雨，能受众流之归也。小人反是。

15.34 子曰："民之于仁也，甚于水火。水火，吾见蹈而死者矣，未见蹈仁而死者也。"

既曰"未见蹈仁而死"，又曰"有杀身以成仁"，方信杀身不是死。

15.35 子曰："当仁，不让于师。"

见过于师，方堪传授。

卓吾云："只为学者，惟有当仁一事让师，故云。"

补注 此当与"如有周公之才之美，使骄且吝，其余不足观也已"章合看，便知不当贡高，亦不当退屈。《华严经》云："心佛及众生，是三无差别。"故贡高与退屈二者皆非也。

15.36 子曰："君子贞而不谅。"

谅，即硜硜小人。

15.37 子曰："事君敬其事，而后其食。"

敬其事"敬"字，从敬止发来。既敬其事，必后其食矣。

15.38 子曰："有教无类。"

佛菩萨之心也。若使有类，便无教矣。

补注 列子《冲虚经》言：

太古神圣之人，备知万物情态，悉解异类音声，会而聚之，训而受之，同于人民。故先会鬼神魑魅，次达八方人民，末聚禽兽虫蛾，言血气之类，心智不殊远也。神圣知其如此，故其所教训者，无所遗逸焉。

列子所谓太古神圣者，非三界大师四生慈父之大觉世尊乎？

15.39　子曰："道不同，不相为谋。"

毫厘有差，天地悬隔，仁与不仁而已矣。

15.40　子曰："辞，达而已矣。"

从古有几个真正达的？

卓吾云："五字，便是谈文秘密藏。"

15.41　师冕见，及阶，子曰："阶也。"及席，子曰："席也。"皆坐。子告之曰："某在斯，某在斯。"

师冕出，子张问曰："与师言之道与？"子曰："然。固相师之道也。"

子张看得"道"字奇特，孔子注得"道"字平常。

季氏第十六

16.1 季氏将伐颛臾。冉有、季路见于孔子曰："季氏将有事于颛臾。"

孔子曰："求！无乃尔是过与？夫颛臾，昔者先王以为东蒙主，且在邦域之中矣，是社稷之臣也。何以伐为？"

冉有曰："夫子欲之，吾二臣者，皆不欲也。"

孔子曰："求！周任有言曰'陈力就列，不能者止'，危而不持，颠而不扶，则将焉用彼相矣？且尔言过矣，虎兕出于柙，龟玉毁于椟中，是谁之过与？"

冉有曰："夫颛臾，固而近于费。今不取，后世必为子孙忧。"

孔子曰："求！君子疾夫舍曰欲之，而必为之辞。丘也闻有国有家者，不患寡而患不均，不患贫而患不安。盖均，无贫；和，无寡；安，无倾。夫如是，故远人不服，则修文德以来之。既来之，则安之。今由与求也，相夫子，远人不服，而不能来也；邦分崩离析，而不能守也，而谋动干戈于邦内。吾恐季孙之忧，不在颛臾，而在萧墙之内也。"

老吏断狱，曲直分明。

补注 文德即均也，安也，和也。不均、不安、不和，故人不服也。远人不服，而修文德以来之，此正本清源之化。若弃文德，而黩武功，近人不服，况远人乎？故国家之忧，不在远人，而在萧墙之内也。

16.2 孔子曰："天下有道，则礼乐征伐自天子出；天下无道，则礼乐征伐自诸侯出。自诸侯出，盖十世希不失矣；自大夫出，五世希不失矣；陪臣执国命，三世希不失矣。天下有道，则政不在大夫；天下有道，则庶人不议。

卓吾云："明诛臣子，隐责君父。"

补注 上承天道，下子庶民，谓之天子，非桀、纣独夫之所能混同也。好善如春之生，恶恶如秋之肃；好善如母之慈，恶恶如父之严。礼乐征伐，即好善恶恶之事也。民之所好好之，民之所恶恶之，故庶人不议。庶人议而天下之乱可知矣，乃至庶人不敢议，而天下之乱益甚矣。

16.3 孔子曰："禄之去公室五世矣，政逮于大夫四世矣，故夫三桓之子孙微矣。"

16.4 孔子曰："益者三友，损者三友。友直，友谅，友多闻，益矣。友便辟，友善柔，友便佞，损矣。"

16.5 孔子曰："益者三乐，损者三乐。乐节礼乐，乐道人之善，乐多贤友，益矣。乐骄乐，乐佚游，乐宴乐，损矣。"

益者损者，都就求益招损的自身上说。

补注[①] 多闻难，谅更难，直尤难中之难，如此益友，幸勿交臂失之。便辟，非直也；善柔，非谅也；便佞，非多闻也。便辟，似直而非中道；善柔，似谅而非至诚；便佞，似多闻而非正知正见。如此损友，切勿误认。

16.6 孔子曰："侍于君子有三愆：言未及之而言谓之躁，言及之而不言谓之隐，未见颜色而言谓之瞽。"

16.7 孔子曰："君子有三戒：少之时，血气未定，戒之在色；及其壮也，血气方刚，戒之在斗；及其老也，血气既衰，戒之在得。"

有戒则能御血气，无戒则被血气使。一部《易经》，三戒收尽。

---

① 此"补注"的内容应对应于 16.4 章。

补注 是即贪嗔痴三毒也。自少、而壮、而老，一切时，皆当戒之。分举三时者，以其易犯耳，语偏而意圆也。知三毒皆由血气所为，则知非本性所有，能悟性者，戒之非难。性体虚空，何有于色？性量一如，何有于斗？性具万有，何事于得？是之谓顺性修戒。

16.8 孔子曰："君子有三畏：畏天命，畏大人，畏圣人之言。小人不知天命而不畏也，狎大人，侮圣人之言。"

天命之性，真妄难分，所以要畏；大人，修道复性，是我明师良友，所以要畏；圣言，指示修道复性之要，所以要畏。畏天命，是归依一体三宝；畏大人，是归依住持佛宝僧宝；畏圣人之言，是归依住持法宝也。

不知天命，亦不知大人，亦不知圣人之言。小人既皆不知而不畏，则君子皆知，故皆畏耳。不知心佛众生，三无差别，不知人心惟危，道心惟微，不能戒慎恐惧，是不畏天命。妄以理佛，拟究竟佛，是狎大人。妄谓经论是止啼法，不知慧命所寄，是侮圣人之言。

16.9 孔子曰："生而知之者，上也；学而知之者，次也；困而学之，又其次也；困而不学，民斯为下矣。"

只是肯学，便非下民。

16.10 孔子曰："君子有九思：视思明，听思聪，色思温，貌思恭，言思忠，事思敬，疑思问，忿思难，见得思义。"

字字箴铭。"未之思也，夫何远之有""君子思不出其位"，与此参看。

16.11 孔子曰："见善如不及，见不善如探汤。吾见其人矣，吾闻其语矣。隐居以求其志，行义以达其道。吾闻其语矣，未见其人也。"

16.12 齐景公有马千驷，死之日，民无德而称焉。伯夷、叔齐饿于首阳之下，民到于今称之。"诚不以富，亦只以异"，其斯之谓与？

16.13 陈亢问于伯鱼曰："子亦有异闻乎？"

对曰："未也。尝独立，鲤趋而过庭。曰：'学《诗》乎？'对曰：'未也。''不学诗，无以言。'鲤退而学《诗》。他日，又独立，鲤趋而过庭。曰：'学礼乎？'对曰：'未也。''不学礼，无以立。'鲤退而学礼。闻斯二者。"

陈亢退而喜曰："问一得三，闻诗，闻礼，又闻君子之远其子也。"

未得谓得，枉了一个空欢喜，可笑！可笑！

补注 圣人视一切众生如子，有何远近之分乎？

16.14 邦君之妻，君称之曰夫人，夫人自称曰小童；邦人称之曰君夫人，称诸异邦曰寡小君；异邦人称之亦曰君夫人。

补注 一邦君之妻耳，而各各称之不同如此，可悟性一而名与相万殊之旨。为人君止于仁，为人臣止于敬，为人子止于孝，为人父止于慈，与国人交止于信，其为致良知一也。

阳货第十七

17.1　阳货欲见孔子，孔子不见，归孔子豚。

孔子时其亡也，而往拜之，遇诸涂，谓孔子曰："来！予与尔言。"曰："怀其宝而迷其邦，可谓仁乎？"曰："不可。——好从事而亟失时，可谓知乎？"曰："不可。——日月逝矣，岁不我与。"

孔子曰："诺。吾将仕矣。"

"时其亡"，只是偶值其亡耳。孟子作"瞰其亡"，便令孔子作略，仅与阳货一般，岂可乎哉？

17.2　子曰："性相近也，习相远也。"

性近习远，方是不变随缘之义。孟子道性善，只说人道之性，以救时耳。

补注　顺性而修，则九界众生皆可成佛，故曰"相近"。随习而流，则同体之性而十法界分焉。十法界者：佛法界、菩萨法界、缘觉法界、声闻法界，此谓四圣；天法界、人法界、修罗法界、畜生法界、饿鬼法界、地狱法界，此是六凡。九界对佛而言，皆众生也。十界唯是一心，心本无界，依于所习善恶净染四法而成十界，故曰"法界"。真如性内，绝生佛之假名，故曰"一真法界"，真者无妄，如者不变也。

17.3　子曰："唯上知与下愚不移。"

除却上知下愚，便皆可移。既未到上知，岂可不为之堤防？既不甘下愚，岂可不早思移易？

补注　阳明先生谓上智与下愚不移，非不可移，乃不肯移耳。上智不肯为恶，下愚不肯为善，非不能也。

17.4　子之武城，闻弦歌之声。夫子莞尔而笑，曰："割鸡焉用牛刀？"

子游对曰："昔者偃也闻诸夫子曰'君子学道则爱人，小人学道则易使也'。"

子曰："二三子！偃之言是也。前言戏之耳。"

17.5　公山弗扰以费畔。召，子欲往。

子路不说，曰："末之也，已，何必公山氏之之也？"

子曰："夫召我者，而岂徒哉？如有用我者，吾其为东周乎？"

原不说公山决能用我。

卓吾云："言必为西周，不为东周也。"

17.6 子张问仁于孔子。孔子曰："能行五者于天下为仁矣。"

"请问之。"曰："恭，宽，信，敏，惠。恭则不侮，宽则得众，信则人任焉，敏则有功，惠则足以使人。"

要以此五者行于天下，方是仁。不得舍却天下，而空言存心。以天下不在心外，而心非肉团故也。

17.7 佛肸召，子欲往。

子路曰："昔者由也闻诸夫子曰'亲于其身为不善者，君子不入也'。佛肸以中牟畔，子之往也，如之何？"

子曰："然，有是言也。不曰坚乎，磨而不磷；不曰白乎，涅而不缁。吾岂匏瓜也哉？焉能系而不食？"

磨得磷的，便非真坚；涅得缁的，便非真白。匏瓜用为浮囊，而不用作食器，只是一偏之用。圣人无用，无所不用，故云"吾岂匏瓜"，乃显无可无不可。犹如太虚空然，不可唤作一物耳，非是要与人作食器也。若作食器，纵使瑚琏，亦可磷可缁矣。

17.8 子曰："由也！女闻六言六蔽矣乎？"对曰："未也。"

"居！吾语女。好仁不好学，其蔽也愚；好知不好学，其蔽也荡；好信不好学，其蔽也贼；好直不好学，其蔽也绞；好勇不好学，其蔽也乱；好刚不好学，其蔽也狂。"

若不好学，则仁知等皆虚名耳。言者，但有虚名，非实义也。蔽，却是实病矣。

17.9 子曰："小子何莫学夫《诗》？《诗》可以兴，可以观，可以群，可以怨。迩之事父，远之事君，多识于鸟兽草木之名。"

今人都不曾学《诗》。

17.10 子谓伯鱼曰："女为《周南》《召南》矣乎？人而不为《周南》《召南》，其犹正墙面而立也与！"

"为"字妙。直须为文王，为周公，始非面墙。

补注 孟子曰："身不行道，不行于妻子；使人不以其道，不能行于妻子。"譬如面墙而立，第一步已不可行，安能行之家国天下乎？故文王之化，自刑于寡妻始，然后至于兄弟，以御于家邦。

17.11 子曰："礼云礼云，玉帛云乎哉？乐云乐云，钟鼓云乎哉？"

与"人而不仁"章参看。

17.12 子曰："色厉而内荏，譬诸小人，其犹穿窬之盗也与！"

的当之甚，刻毒之甚。

17.13 子曰："乡原，德之贼也。"

17.14 子曰："道听而涂说，德之弃也。"

乡原，只好偷石人石马。道听涂说，连石人石马也偷不得。

17.15 子曰："鄙夫可与事君也与哉？其未得之也，患得之；既得之，患失之。苟患失之，无所不至矣。"

照妖镜，斩妖剑。

17.16 子曰："古者民有三疾，今也或是之亡也。古之狂也肆，今之狂也荡；古之矜也廉，今之矜也忿戾；古之愚也直，今之愚也诈而已矣。"

葛可久顶门针，不知还救得否？可悲！可怜！

17.17 子曰："巧言令色，鲜矣仁。"

17.18 子曰："恶紫之夺朱也，恶郑声之乱雅乐也，恶利口之覆邦家者。"

二"也"字，一"者"字，宾主历然。

17.19 子曰："予欲无言。"子贡曰："子如不言，则小子何述焉？"子曰："天何言哉？四时行焉，百物生焉，天何言哉？"

无言，岂是不言；何言，却是有言。说时默，默时说，参——！

17.20 孺悲欲见孔子，孔子辞以疾。将命者出户，取瑟而歌，使之闻之。

补注 既辞以疾，又取瑟而歌，使之闻之。可知圣人之不肯妄语，虽不见孺悲，实已进而教之。

17.21 宰我问："三年之丧，期已久矣。君子三年不为礼，礼必坏；三年不为乐，乐必崩。唤甚么作礼乐？可耻！可耻！旧谷既没，新谷既升，钻燧改火，期可已矣。"

子曰："食夫稻，衣夫锦，于女安乎？"曰："安。"丧心病狂。

"女安，则为之。夫君子之居丧，食旨不甘，闻乐不乐，居处不安，故不为也。真礼真乐，和盘托出。今女安，则为之。"

宰我出。子曰："予之不仁也。子生三年，然后免于父母之怀。夫三年之丧，天下之通丧也，予也有三年之爱于其父母乎！"

难道三年之丧,便报得三年之爱,且就人情真切处,点醒之耳。

陈旻昭曰:"宰我答安,真有调达入地狱的手段。得他此答,方引出孔子一番痛骂,方使天下后世之为子者皆不得安,方杜绝千古世后欲短丧之邪说。"

补注 调达,即提婆达多,于无量劫前,佛为国王,调达为阿私仙人,为王说《妙法华经》。自是世世示现逆行,专意害佛,生斛饭王家,为佛从弟,常以毒藏十指甲,礼佛接足,足不伤,而指自坏。又与阿阇世王,谋欲杀佛,而自为新佛,王纵五百醉象踏佛,佛以手指,指现狮子,象皆摄伏。又推大石压佛,地神遮之,石碎,迸其小者,中佛足流血,因是陷入地狱。佛遣使问其安否?报曰:"我处此,如四禅天乐。"又问几时出地狱?答曰:"待世尊来入地狱,我方出之。"其五逆类如此,实则大权示现,成就佛功德。故法华会中,得授记成佛。

17.22 子曰:"饱食终日,无所用心,难矣哉!不有博奕者乎?为之,犹贤乎已。"

好行小慧,无所用心,俱难矣哉。须是居易以俟命。

17.23 子路曰:"君子尚勇乎?"子曰:"君子义以为上,君子有勇而无义为乱,小人有勇而无义为盗。"

勇者夺魄。

17.24 子贡曰:"君子亦有恶乎?"子曰:"有恶。

恶称人之恶者，恶居下流而讪上者，恶勇而无礼者，恶果敢而窒者。"

曰："赐也，亦有恶乎？""恶徼以为知者，恶不孙以为勇者，恶讦以为直者。"

大须各自简点，莫使此二人恶。

17.25 子曰："唯女子与小人为难养也，近之则不孙，远之则怨。"

曲尽女子小人情状。

补注 女子小人，皆须教之以道，学道则易使也。若养而不教，则有怨与不孙之弊。

17.26 子曰："年四十而见恶焉，其终也已。"

"恶"字，不作去声读。见恶，谓尚不能改恶从善也。虽云改过可贵，但四十不改，恐终不能改矣，故警励之，意欲其奋发速改也。

补注 欲其不终于恶也。不终于恶，则朝闻道夕死可矣。

微子第十八

18.1 微子去之，箕子为之奴，比干谏而死。孔子曰："殷有三仁焉。"

异世者，却知其仁；同时者，却云不知其仁。孔子于"仁"字，何等认得清楚。岂似子路、子贡、子张、武伯等，隔墙猜谜乎？

卓吾曰："千古只眼。"

方外史曰："若据后儒见识，则微子之去，箕子之陈《洪范》于武王，安得与比干同论？呜呼！仁理之不明也久矣。"

补注 为仁而去，为仁而奴，为仁而死，故曰"殷有三仁焉"。

18.2 柳下惠为士师，三黜。人曰："子未可以去乎？"曰："直道而事人，焉往而不三黜？枉道而事人，何必去父母之邦？"

卓吾曰："有见有守。"

方外史曰："惟见得真，故守得定。"

18.3 齐景公待孔子曰："若季氏，则吾不能，以季、孟之间待之。"曰："吾老矣，不能用也。"孔子行。

18.4　齐人归女乐，季桓子受之，三日不朝。孔子行。

18.5　楚狂接舆歌而过孔子曰："凤兮凤兮！何德之衰？往者不可谏，来者犹可追。已而已而！今之从政者殆而。"

孔子下，欲与之言，趋而辟之，不得与之言。

又是圣人一个知己。趋而辟之，尤有禅机。

18.6　长沮、桀溺耦而耕，孔子过之，使子路问津焉。

长沮曰："夫执舆者为谁？"子路曰："为孔丘。"曰："是鲁孔丘与？"曰："是也。"曰："是知津矣。"好赞词。

问于桀溺。桀溺曰："子为谁？"曰："为仲由。"曰："是鲁孔丘之徒与？"对曰："然。"曰："滔滔者天下皆是也，而谁以易之？且而与其从辟人之士也，岂若从辟世之士哉？"耰而不辍。辟人之士，错看孔子。

子路行以告。夫子怃然曰："鸟兽不可与同群，吾非斯人之徒与而谁与？可见不是辟人之士。天下有道，丘不与易也。"菩萨心肠，木铎职分。

18.7　子路从而后，遇丈人，以杖荷莜。

子路问曰："子见夫子乎？"问得满撞。丈人曰："四体不勤，五谷不分，孰为夫子？"答得清楚。植其杖而芸。

子路拱而立。止子路宿，杀鸡为黍而食之，见其二子焉。露出马脚，惹出是非。

明日，子路行以告。子曰："隐者也。"使子路反见之。赵州勘婆子。至则行矣。勘破了也。子路曰："不仕无义。长幼之节，不可废也；君臣之义，如之何其废之？欲洁其身，而乱大伦。君子之仕也，行其义也。道之不行，已知之矣。"

此数句绝不似子路之言，想是夫子教他的。幸得丈人不在，不然却被丈人勘破。

补注 长沮、桀溺、丈人之勤四体、分五谷，自是古时学者本色，两汉学风尚如此也。孔子欲进以大乘救世之学，故不许其辟世，然高于后世科举学校所养成之游民万万矣。今之学者，当法长沮、桀溺、丈人之生计自立，而更进求大乘救世之学，则真孔子徒也。读"樊迟请学稼"章，亦当知此意。若战国时许行君民并耕而食之说，则窒碍难通矣。两汉诸帝，尚躬耕籍田，以供宗庙祭祀。而令郡国各举孝弟力田之士，以为乡里表率，此则良法美意可施行也。

18.8 逸民：伯夷、叔齐、虞仲、夷逸、朱张、柳下惠、少连。子曰："不降其志，不辱其身，伯夷、叔齐与。"谓："柳下惠、少连，降志辱身矣，言中伦，行中虑，其斯而已矣。"谓："虞仲、夷逸，隐居放言，身中清，废中权。我则异于是，无可无不可。"

异于是，谓异于不降不辱，异于降志辱身，异于隐居放言也，非谓异于逸民也。以无可无不可，而附于逸民之科，又是木铎一个注脚。

18.9 大师挚适齐，亚饭干适楚，三饭缭适蔡，四饭缺适秦，鼓方叔入于河，播鼗武入于汉，少师阳、击磬襄入于海。

凄怆之景，万古堕泪，亦可助发苦空无常观门。

补注 此周时天子失官学在四夷之实录也。古者百官各专其学，各世其官，赖有世禄以养之也。周东迁后，王政不行于诸侯，所入不足以养官，而散在四方。百官之学，遂变为百家之学，而古学渐衰矣。读班固《艺文志》，可知其大略也。

18.10 周公谓鲁公曰："君子不施其亲，不使大臣怨乎不以。故旧无大故，则不弃也。无求备于一人。"

补注 此言居上要宽，宽则得众。无求备于一人，是教凡有国者，造就人才之准则。求备于一人，可使天下无一人；不求备于一人，而人才不可胜用矣。后世科举学校，皆以求备一人之法，使天下英才不能成材，不能成德，而国家之根本伤矣。可叹也夫！

18.11 周有八士：伯达、伯适，仲突、仲忽，叔夜、叔夏，季随、季骝。

补注 八士而出于一家兄弟，又两两双生，可想周士之多，文武周公德化之盛也。

杨慎曰："大理董难曾见宋人小说周有八士，命名八人而四韵。伯达、伯适一韵也；仲突、仲忽一韵也；叔夜、叔夏一韵也；季随、季骝，随旬禾反，骝乌戈反，一韵也。周人尚文，于命子之名，亦致密不苟如此。"说见顾亭林《音学五书》之唐韵正。

子张第十九

19.1　子张曰："士见危致命，见得思义，祭思敬，丧思哀，其可已矣。"

卓吾云："致命，不用'思'字，有理。"

19.2　子张曰："执德不弘，信道不笃，焉能为有？焉能为亡？"

卓吾云："骂得很。"
方外史曰："'弘'字、'笃'字，用得妙。"

19.3　子夏之门人，问交于子张。子张曰："子夏云何？"对曰："子夏曰'可者与之，其不可者拒之'。"
子张曰："异乎吾所闻。君子尊贤而容众，嘉善而矜不能。我之大贤与，于人何所不容？我之不贤与，人将拒我，如之何其拒人也？"

毋友不如己者，原不是拒人。

19.4 子夏曰："虽小道，必有可观者焉。致远恐泥，是以君子不为也。"

19.5 子夏曰："日知其所亡，月无忘其所能，可谓好学也已矣。"

此便是子夏之学，不是孔子之学，所谓小人儒也。

19.6 子夏曰："博学而笃志，切问而近思，仁在其中矣。"

此却说得有味。

19.7 子夏曰："百工居肆以成其事，君子学以致其道。"

逼真好同喻。

19.8 子夏曰："小人之过也必文。"

卓吾云："今人倘有文过之念，此念便是小人了。"

19.9 子夏曰："君子有三变：望之俨然，即之也温，听其言也厉。"

像赞。

19.10 子夏曰："君子信而后劳其民，未信则以为厉己也；信而后谏，未信则以为谤己也。"

小心天下去得。

19.11 子夏曰："大德不逾闲，小德出入可也。"

卓吾曰："最方而最圆。出入，形容其活动耳，云何便说未尽合理？"

方外史曰："若不合理，何名小德？"

19.12 子游曰："子夏之门人小子，当洒扫应对进退，则可矣，抑末也。本之则无，如之何？" 钳锤小子。

子夏闻之曰："噫！言游过矣。君子之道，孰先传焉？孰后倦焉？ 点化小子。譬诸草木，区以别矣。激砺小子。君子之道，焉可诬也？有始有卒者，其惟圣人乎！" 怂恿小子。

子游之讥，是要门人知本；子夏之辩，是要门人即末悟本。只此洒扫应对进退，若以为末，到底是末；若知其本，头头皆本。二贤各出手眼接引门人，莫作是非会也。

补注 佛以一音演说法，众生随类各得解；天以一味降时雨，草木随类各滋荣。君子之道，本末不二，见本见末，见先见后，皆学者机感之不同也。若即末知本，即始知卒，则非至圆至顿之圣人不能。故一乘佛法，分别而说三说五，乃至无量，为菩萨、缘觉、声闻、天、人及恶道众生，曲垂方便，十方三世佛，等一大慈也。

19.13 子夏曰："仕而优则学，学而优则仕。"

卓吾曰："今人学未优，则已仕矣。仕而优，如何肯学？"
方外史曰："惟其学未优便仕，所以仕后永无优时。"

19.14 子游曰："丧致乎哀而止。"

19.15 子游曰："吾友张也为难能也，然而未仁。"

19.16 曾子曰："堂堂乎张也，难与并为仁矣。"

好朋友真难得。今人那肯如此说病痛？

19.17 曾子曰："吾闻诸夫子：人未有自致者也，必也亲丧乎！"

19.18 曾子曰："吾闻诸夫子：孟庄子之孝也，其他可能也；其不改父之臣与父之政，是难能也。"

19.19 孟氏使阳肤为士师，问于曾子。曾子曰："上失其道，民散久矣。如得其情，则哀矜而勿喜。"

惟至孝者，方能至慈，堪为万世士师座右铭。

19.20 子贡曰："纣之不善，不如是之甚也。是以君子恶居下流，天下之恶皆归焉。"

殷鉴不远。

19.21 子贡曰："君子之过也，如日月之食焉。过也，人皆见之；更也，人皆仰之。"

光明正大之论。

19.22 卫公孙朝问于子贡曰："仲尼焉学？"子贡曰："文武之道，未坠于地，在人。贤者识其大者，不贤者识其小者。莫不有文武之道焉。夫子焉不学？而亦何常师之有？"

卓吾曰："分明说他师文武，而语自圆妙。"

19.23 叔孙武叔语大夫于朝曰："子贡贤于仲尼。"子服景伯以告子贡。子贡曰："譬之宫墙，赐之墙也及肩，窥见室家之好。夫子之墙数仞，不得其门而入，不见宗庙之美，百官之富。得其门者或寡矣。夫子之云，不亦宜乎？"

19.24 叔孙武叔毁仲尼。子贡曰："无以为也！仲尼不可毁也。他人之贤者，丘陵也，犹可逾也；仲尼日月也，无得而逾焉。人虽欲自绝，其何伤于日月乎？多见其不知量也。"

19.25 陈子禽谓子贡曰："子为恭也，仲尼岂贤于子乎？"

子贡曰："君子一言以为知，一言以为不知，言不可不慎也。夫子之不可及也，犹天之不可阶而升也。夫子之得邦家者，所谓立之斯立、道之斯行、绥之斯来、动之斯和。其生也荣，其死也哀，如之何其可及也？"

卓吾曰："对痴人，不得不如此浅说。"

方外史曰："世间痴人都如此，向他说极浅事，他便见得深；向他说极深理，他既不知，反认作浅。"

尧曰第二十

20.1 尧曰："咨！尔舜。天之历数在尔躬，允执其中。四海困穷，天禄永终。"舜亦以命禹。

曰："予小子履敢用玄牡，敢昭告于皇皇后帝：有罪不敢赦。帝臣不蔽，简在帝心。朕躬有罪，无以万方；万方有罪，罪在朕躬。"

周有大赉，善人是富。"虽有周亲，不如仁人。百姓有过，在予一人。"

谨权量，审法度，修废官，四方之政行焉。兴灭国，继绝世，举逸民，天下之民归心焉。

所重：民、食、丧、祭。

"修己以敬"四字，便是帝王道脉，历历可考。

20.2 宽则得众，信则民任焉，敏则有功，公则说。

20.3 子张问于孔子曰："何如斯可以从政矣？"子曰；"尊五美，屏四恶，斯可以从政矣。"

子张曰："何谓五美？"子曰："君子惠而不费，劳而不怨，欲而不贪，泰而不骄，威而不猛。"

子张曰："何谓惠而不费？"子曰："因民之所利而利之，斯不亦惠而不费乎？择可劳而劳之，又谁怨？欲仁而得仁，又焉贪？君子无众寡、无小大、无敢慢，斯不亦泰而不骄乎？君子正其衣冠，尊其瞻视，俨然人望而畏之，斯不亦威而不猛乎？"

子张曰："何谓四恶？"子曰："不教而杀，谓之虐；不戒视成，谓之暴；慢令致期，谓之贼；犹之与人也，出纳之吝，谓之有司。"

20.4 子曰："不知命，无以为君子也；不知礼，无以立也；不知言，无以知人也。"

知命，只是深信因果耳；知礼，则善于观心，所谓约之以礼；知言，则善于闻法，所谓了达四悉因缘。

中庸直指补注序

现前介尔一念，而实无量无边，不生不灭，竖穷三际，横遍十方。清净本然，寂然不动，谓之性；感而遂通，有善有恶，有因有果者，谓之道；全性起修，为善去恶，造圆因以致圆果者，谓之圣人之教。

所以为教，慎独是矣；所以慎独，致中和是矣；所以致中和，空假中一心三观是矣。修此三观，而天地位焉，万物育焉，智仁勇三德立焉，父子君臣夫妇兄弟朋友之交五达道行焉，凡为天下国家之九经备焉。以其关系于天下成败利钝、治乱安危之重也，故谓之三重。此三观者，惟是一心，故曰"所以行之一也"。《中庸》之为书，蕅益大师之《直指》，具于是矣。

或曰："进今之学者，而与之言《中庸》，无乃奥乎？蕅师《直指》，以佛释儒，又奥之甚者也。"晓之曰："所谓《中庸》，所谓《直指》，即直指尔我乃至一切众生各各本具之现前介尔一念，而又无量无边，不生不灭，清净周徧，圆具三谛三观三德之妙真如心也。"真者，不妄；如者，不变；妙者，神通自在，不可思议也。三谛者，真俗中；三观者，空假中；三德者，般若解脱法身也。

既人人本具，个个不无，而圣凡之分，天地悬隔者，何也？修与不修之殊也。修则性显，不修则性隐。修之则为智为仁为勇，为君子，为至圣，为尧舜文王武王周公仲尼，乃至成佛；不修则为愚，为不肖，为蛮貊，为无忌惮之小人，乃至为畜生饿鬼地狱受苦无量之众生。

子思之作《中庸》，蕅师之作《直指》，教修之宝筏也。尧舜文武周公孔子三世诸佛，教修之导师也。世间法之三达德五达道九经，与出世法之四谛十二因缘六波罗蜜，教修之条目也。尊德性而道问学，致广大而尽精微，极高明而道中庸，温故而知新，敦厚以崇礼；乃至博学审问慎思明辨笃行；人一能之己百之，人十能之己千之，教修之全功也。聪明睿智足以有临，宽裕温柔足以有容，发强刚毅足以有执，齐庄中正足以有敬，文理密察足以有别；溥薄渊泉，而时出之，见而民莫不敬，言而民莫不信，行而民莫不说；舟车所至，人力所通，天之所覆，地之所载，日月所照，霜露所坠，凡有血气者，莫不尊亲，教修之极致也。

而皆本于空假中一心三观之修。以其视之不见，听之不闻，故谓之空；以其体物而不可遗，所谓物者，亦皆因缘和合，虚妄有生，谓之假；以其空假双照，不偏于空，不偏于假，谓之中。故曰"肫肫其仁，渊渊其渊，浩浩其天"，渊渊其渊者，空观也；肫肫其仁者，假观也；浩浩其天者，中观也。空观即惟一也，一故能立天下之大本；假观即惟精也，精故能经纶天下之大经；空假双照之中观，即允执厥中也，故能参赞天地之化育而无所偏倚。盖性无不同，而相无不异。空观者，平等观也；假观者，差别观也；性相不二，故于平等而知差别，于差别而知平等，是宇宙万物所由分合，而天下国家之所由治平也。

此真能雨众宝之无价摩尼珠也。藏此珠而行乞，可谓智乎？

怀此宝而迷邦，可谓仁乎？知是衣中之珠，宅中之宝，而不肯探求，可谓勇乎？故谨为《补注》以劝于学者，学者得此宝而明其性，以修其身，则家齐国治天下平之效可睹也。得此宝以修华严，可以知法界无尽之圆观也；以修法华，可以知方便度生之妙用也；以修净土，可以知出凡入圣，简易而圆满，捷速而究竟之最胜法门也。学者其永宝之哉！

民国二十三年甲戌孟夏江谦谨述

中庸直指补注

"中"之一字，名同实异。此书以喜怒哀乐未发为中，若随情解之，只是独头意识边事耳。老子"不如守中"，似约第七识体，后世玄学，局在形躯，又非老子本旨矣。

藏教所诠真理，离断离常，亦名"中道"。通教即物而真，有无不二，亦名为中；别教中道佛性，有名有义，而远在果地。初心绝分，惟圆人知一切法即心自性，无非中道。岂得漫以世间"中"字，滥此极乘？

然既秉开显之旨，则治世语言，皆顺实相，故须以圆极妙宗，来会此文。俾儒者道脉，同归佛海。中者，性体；庸者，性用。从体起用，全用在体。量则竖穷横遍，具乃彻果该因。

文为五段：初总示性修因果，堪拟序分；二详辨是非得失，拟开圆解；三确示修行榜样，拟起圆行；四广陈明道合诚，拟于圆位；五结示始终奥旨，拟于流通。

初总示性修因果。

1　天命之谓性，率性之谓道，修道之谓教。

不生不灭之理，名之为天；虚妄生灭之原，名之为命；生灭与不生灭和合，而成阿赖耶识，遂为万法之本，故谓之性。盖天是性体，命是功能，功能与体，不一不异，犹波与水也。体则非善非恶，功能则可善可恶，譬如镜体非妍非媸，而光能照现妍媸。今性亦尔，率其善种而发为善行，则名君子之道；率其恶种而发为恶行，则名小人之道。道，犹路也。路有大小，无人不由，故曰道二，仁与不仁而已矣。然善种发行时，性便举体而为善；恶种发行时，性亦举体而为恶。如镜现妍时，举体成妍；镜现媸时，举体成媸。妍媸非实，善恶亦然。

无性缘生，不可思议。圣人见无性缘生之善，可以位天地，育万物，自成成物也，故设教以修习之；见无性缘生之恶，可以反中庸，致祸乱，自害害他也，故设教以修除之。除其修恶，恶性元无可除；习其修善，善性元无可习。故深达善恶之性，即是无性者，名为悟道。断无性之恶，恶无不尽；积无性之善，善无不圆者，名为修道也。此节且辨性修，下文方详示因果差别耳。

夫天命之谓性，真妄混而难明；率性之谓道，善恶纷而杂出；研真穷妄，断染育善，要紧只在"教"之一字。全部《中庸》，皆修道之教也，故曰"自明诚，谓之教"。

2 道也者，不可须臾离也，可离非道也。是故君子戒慎乎其所不睹，恐惧乎其所不闻。

非善即恶，非仁即不仁，故不可须臾离，故必戒慎恐惧以修之。

3 莫见乎隐，莫显乎微，故君子慎其独也。

此申明戒慎恐惧之故。问曰："何须向不睹不闻处用功？"答曰："以莫现乎隐，莫显乎微故也。"隐微，就是不睹不闻，就是独慎，就是戒慎恐惧。此与《大学》诚意工夫一般，皆须直心正念真如。

补注 道，犹路也。世间之道六：曰天、曰人、曰神，三善道也；曰畜生、曰饿鬼、曰地狱，三恶道也。凡起一念，必落一道。一念而善，则上品为天，中品为人，下品为神；一念而恶，则上品为地狱，中品为饿鬼，下品为畜生。人不能须臾无念，故不能须臾离道，生死轮回之报所从来也，可不戒慎而恐惧乎？

一念，因也；天人神畜鬼狱，果也。因必具果，无果非因，故众生畏果，菩萨畏因。在因之果，凡夫视之不睹，听之不闻，若佛则悉睹、悉闻，故曰"莫见乎隐，莫显乎微"，君子之所以必慎其独也。慎独净念之法门，无如念佛，念佛是出生死轮回之大道也。

4 喜怒哀乐之未发，谓之中；发而皆中节，谓之和。中也者，天下之大本也；和也者，天下之达道也。

炽然喜怒哀乐时，喜怒哀乐不到之地，名之为"中"，非以无喜怒哀乐时，为未发也。无不从此法界流，故为大本；无不还归此法界，故为达道。

中虽是性，须约出缠真如，方显其妙。发而中节，全从慎独中来，全是以修合性，若稍不与性合，便不名"和"。

5 致中和，天地位焉，万物育焉。

"致"之一字，与后文"其次致曲""致"字同。

三千在理，同名无明；三千果成，咸称常乐。故云"位焉""育焉"，不必向效验上说，自有真实效验。嗟嗟！四凶居尧舜之世，不能自全；颜子虽箪瓢陋巷，不改其乐。谁谓心外实有天地万物哉？天地万物，皆心中影耳。

补注 中，惟一也，空观也；和，惟精也，假观也；致中和而天地位焉，万物育焉，中道圆观也。诸佛一心三观之印，尧舜精一执中之传，虽所致之范围不同，而能致之功则一也。

二详辨是非得失。

6 仲尼曰："君子中庸，小人反中庸。君子之中庸也，君子而时中；小人之中庸也，小人而无忌惮也。"

此总标是非得失之源也。君子背尘合觉，故直曰"中庸"；九界皆是背觉合尘，名为逆修，故皆名"反中庸"。"时"字，只是无执著意。自利，则善巧安心；利他，则四悉顺物。小人亦要修因证果，亦自以为中庸，但不知从慎独处下手，便至于无忌惮，便是错乱修习，犹如煮砂，欲成嘉馔。

7 子曰："中庸其至矣乎，民鲜能久矣。"

中庸是大本达道，所以为至，必具真智、真仁、真勇，然后能之，所以民鲜能也。此且总叹鲜能，下文方出鲜能之故。

8 子曰："道之不行也，我知之矣，知者过之，愚

者不及也；道之不明也，我知之矣，贤者过之，不肖者
不及也。"

不行，归罪于知、愚；不明，归罪于贤、不肖。可见行、明，
不是两事。过处就是不及处，故《论语》云："过犹不及。"特就
其情见，纵许为过之耳。道本至极，哪有能过之者？

补注　贤者智者之过，偏于空也，偏于空，则耽沉寂，而不
事行持，但自度而不发大悲。愚者不肖者之不及，偏于假也，偏
于假，则迷五欲，而不能出离，贪势利而无所忌惮。智愚贤不肖
四者，可以尽天下之人，而其偏若此，中庸之所以不明不行。

9　"人莫不饮食也，鲜能知味也。"

味是舌识之相分，现量所得，非心外法。智愚贤不肖者，哪
能得知？惟有成就唯心识观之人，悟得味非心外实法；成就真如
实观之人，悟得味即如来藏耳。饮食既不知味，则终日中庸，终
日反中庸矣。

10　子曰："道其不行矣夫。"

子曰："舜其大知也与！舜好问，而好察迩言，隐恶
而扬善，执其两端，用其中于民，其斯以为舜乎！"

非大知不足以行道，故先叹不行为病，后举大舜为药。全仁
全勇之知，方名大知，所以双超知愚两关。

执两端而用中，方是时中；若离两端而别谈中道，便为执一

矣。两个"其"字，正显两端中道，原只一体。

问："何名两端？"答："善恶是也。"善恶皆性具法门，惟圣人能用善用恶，而不为善恶所用，则善恶无非中道。如舜诛四凶，即是用恶法门也。《书》云："强弗友刚克，燮友柔克；沉潜刚克，高明柔克。"平康正直，皆建用皇极之妙。噫！可以思矣。

补注 王阳明先生曰："《春秋》必待《传》而后明，是歇后谜语矣。圣人何苦为此艰深隐晦之词？《左传》多是《鲁史》旧文，若《春秋》须《传》而后明，孔子何必削之？"

"如书'弑君'，即弑君便是罪，何必更问其弑君之详？征伐当自天子出，书'伐国'，即伐国便是罪，何必更问其伐国之详？圣人述六经，只是要正人心，只是要存天理，去人欲。于存天理，去人欲之事，则尝言之，或因人请问，随各分量而说，亦不肯多道，恐人专求之言语，故曰'予欲无言'。若是一切纵人欲，灭天理之事，又安肯详以示人？是长乱导奸也。故孟子云：'仲尼之门，无道桓文之事者，是以后世无传焉。'此便是孔门家法。世儒只讲得一个霸者的学问，所以要知得许多阴谋诡计，纯是一片功利的心，与圣人作经的意思正相反，如何思量得通？"因叹曰："此非达天德者，未易与言此也！"

又曰："孔子云：'吾犹及史之阙文也。'孟子曰：'尽信书不如无书，吾于《武城》，取二三策而已。'孔子删《书》，于唐、虞、夏四五百年间，不过数篇，岂更无一事？而所述止此，圣人之意可知矣。"

又曰："《诗》非孔门之旧本矣。孔子云：'放郑声，郑声淫。'又曰：'恶郑声之乱雅乐也。'郑卫之音，亡国之音也。此是孔门家法，孔子所定三百篇，皆所谓雅乐，皆可奏之郊庙，奏之乡党，皆所以宣畅和平，涵泳德性，移风易俗。安得有此，是长淫导奸矣。此必秦火之后，世儒附会，以足三百篇之数。"

谨按先生此论，是千古巨眼，圣学真传，读书正法。二十四史，汗牛充栋，多恶行繁文；今之报章，播扬恶行，一日千里，世道人心之所以日下也。

11　子曰："人皆曰予知，驱而纳诸罟护陷阱之中，而莫之知辟也。人皆曰予知，择乎中庸，而不能期月守也。"

子曰："回之为人也，择乎中庸，得一善则拳拳服膺而弗失之矣。"

非仁守不足以明道，故先叹不能期月守为病，后举颜子为药。全智全勇之仁，方名真仁，所以超出贤不肖两关。

择而得者，知为先导也；守而不失者，勇为后劲也，是谓即知即勇之仁。言一善者，犹所谓最上一乘，一不对二，善不对恶。

12　子曰："天下国家可均也，爵禄可辞也，白刃可蹈也，中庸不可能也。"

子路问强。子曰："南方之强与？北方之强与？抑而强与？宽柔以教，不报无道，南方之强也，君子居之。衽金革，死而不厌，北方之强也，而强者居之。故君子和而不流，强哉矫！中立而不倚，强哉矫！国有道，不变塞焉，强哉矫！国无道，至死不变，强哉矫！"

非真勇不足以载道，故先举有相之勇为病，后举君子之强为药。全知全仁之勇方名真勇，所以遍超知愚贤不肖之流弊。

有真知、真仁、真勇者，均天下，亦中庸；辞爵禄，亦中庸；蹈白刃，亦中庸。若源头不清，则毫厘有差，天地悬隔。且道如何是源头？慎独是也。倘不向慎独处讨线索，则管仲之一匡天下，不似大舜乎？原宪之贫，不似箪瓢陋巷乎？子路之死，不似比干乎？思之！

柔能胜刚，故南方亦得称强，所谓忍为力中最也。和则易流，不流方见真强。中立易倚，不著中道、不恃中道而轻两端，方见真强。隐居以求其志，行义以达其道，方见真强。笃信好学，守死善道，方见真强。如此之强，岂贤知者之所能过？故曰"过犹不及也"。

13　子曰："素隐、行怪、后世有述焉，吾弗为之矣。"

素隐是假智，行怪是假仁，积其精神而使后世有述是假勇。

14　"君子遵道而行，半涂而废，吾弗能已矣。"

勇不能守，即仁体不纯；仁不能纯，即知有未及。

15　"君子依乎中庸，遁世不见知而不悔，唯圣者能之。"

真智、真仁、真勇，三德只是一心，一心具足三德，全修合性，故名为"依"。唯圣与圣，乃能知之，下劣不知。为实施权，脱珍御敝，慈室忍衣，是名"不悔"也。

此上，一往皆是辨真伪，别是非，以开圆；而行位之要，亦不外是矣。

补注 慈悲忍室者，《妙法莲华经》云："如来室者，大慈悲心是；如来衣者，和柔忍辱是；如来座者，一切法空是。"

三确示修行榜样。

又为四：初举大道体用，以示所修；二指忠恕素位，自迩自卑，以为能修；三引舜文武周，以作标榜；四引答哀公问，结成宗要。

今初。

16 君子之道，费而隐。夫妇之愚，可以与知焉，及其至也，虽圣人亦有所不知焉；夫妇之不肖，可以能行焉，及其至也，虽圣人亦有所不能焉。

天地之大也，人犹有所憾。故君子语大，天下莫能载焉；语小，天下莫能破焉。《诗》云："鸢飞戾天，鱼跃于渊。"言其上下察也。君子之道，造端乎夫妇，及其至也，察乎天地。

道，不偏属君子，而君子方能合道，故称君子之道。可见一部《中庸》，只重修道之教也。此约因行，故名君子之道；后约果位，故又名圣人之道，亦名至诚之道，其实无二道也。

与知与能处，即是不知不能处；不知不能处，正在与知与能处。非有浅深，如眼知色，耳知声，鼻知香，舌知味，身知触，意知法；眼能见，耳能闻，鼻能嗅，舌能尝，身能觉，意能知。非夫妇可以与知与能者乎？眼何以能见，耳何以能闻，乃至意何以能知，非圣人有所不知不能者乎？法法皆然。

人自不察，是故与知与能，皆是费处，即皆是隐处；不知不能，皆是隐处，即皆是费处也。圣人不知不能，天地犹有所憾，所以唯佛与佛，乃能究尽诸法实相。诸法之权，即隐是费；诸法之实，即费是隐。大亦不可破，小亦不可载，悟得此理，方许知费而隐。

鸢飞鱼跃，即是不知不能之至道，故宗门云："三世诸佛不知有，狸奴白牯却知有。"

补注 道即所率之性，此性平等，圣人君子不多，愚夫妇、鸢鱼不少，故曰"费"。费，犹遍也。视之不见，听之不闻，故曰"隐"。鸢鱼之性，亦是无量无边，故曰小亦莫能载；心佛及众生，是三无差别，故曰大亦莫能破。

二指忠恕素位，自迩自卑，以为能修。

17 子曰："道不远人。人之为道而远人，不可以为道。"

世人安于卑陋，妄以君子之道为远，犹众生妄以佛道为远，而高推圣境也。讵知法界不离一心，何远之有？

18 "《诗》云：'伐柯伐柯，其则不远。'执柯以伐

柯，睨而视之，犹以为远。故君子以人治人，改而止。"

人人本具，故云"以人治人"，即指自治之法，非谓治他人也。改者，去逆修而成顺修。

19 "忠恕，违道不远。施诸己而不愿，亦勿施于人。"

忠者，无人无我，道之本体也；恕者，以人例我，以我推人，修之方便也。故曰"违道不远"。

20 "君子之道四，丘未能一焉。所求乎子以事父，未能也；所求乎臣以事君，未能也；所求乎弟以事兄，未能也；所求乎朋友先施之，未能也。庸德之行，庸言之谨，有所不足，不敢不勉，有余不敢尽。言顾行，行顾言，君子胡不慥慥尔！"

为子止孝，为臣止敬，为弟止恭，为友止信。总一中庸，随境各有异义，义虽差别，体即无差。无差而差，故名"庸"；差即无差，故名"中"。

21 君子素其位而行，不愿乎其外。

一切富贫等位，皆是自心所现境界，故名"其位"。心外别无少法可得，故不愿其外。

22 素富贵，行乎富贵；素贫贱，行乎贫贱；素夷狄，行乎夷狄；素患难，行乎患难。君子无入而不自得焉。

观一切境，无非即心自性，富贵亦法界，贫贱亦法界，夷狄患难亦法界。法界无行，无所不行；一心三观，触处圆明。不离境以觅心，故无境不入；善即境而悟心，故无不自得。

23 在上位不陵下，在下位不援上，正己而不求于人，则无怨。上不怨天，下不尤人。

下合六道众生，与诸众生同一悲仰，故不陵。上合十方诸佛，与佛如来同一慈力，故不援。知十法界，皆即我之本性，故正己而不求人。

24 故君子居易以俟命，小人行险以徼幸。

居易即是慎独，不慎独便是行险。

25 子曰："射有似乎君子，失诸正鹄，反求诸其身。"

射而不中，未有怨天尤人者。

26 君子之道，辟如行远必自迩，辟如登高必自卑。《诗》曰："妻子好合，如鼓瑟琴；兄弟既翕，且乐且耽；宜尔室家，乐尔妻孥。"

子曰："父母其顺矣乎。"

子曰："鬼神之为德，其盛矣乎！视之而弗见，听之而弗闻，体物而不可遗。使天下之人，齐明盛服以承祭祀。洋洋乎！如在其上，如在其左右。《诗》曰："神之格思，不可度思，矧可射思！" 夫微之显，诚之不可掩，如此夫。"

妻子兄弟父母，皆迩也；鬼神，即远也。以此合妻子，和兄弟，顺父母，即以此格鬼神，可谓远自迩，高自卑也。

人以诚格鬼神，鬼神亦以诚而使人事之如在，非诚不足以为感，非诚不足以为应，非离感而有应，非离应而有感。开而会之，即所谓诸佛心内众生，时时成道；众生心内诸佛，念念证真也。"诚"字，双①就感应上论。一诚无二诚，即是真如之性。

三引舜文武周，以作标榜。

皆以"孝"字为主，次明修道以仁，后云亲亲为大，可见最迩无如孝，最远亦无如孝。佛经云："孝名为戒，孝顺至道之法。"故知儒释二教，入门大同，但孝有世出世间之异耳。

27 子曰："舜其大孝也与！德为圣人，尊为天子，富有四海之内，宗庙飨之，子孙保之。故大德必得其位，必得其禄，必得其名，必得其寿。故天之生物，必因其材而笃焉。故栽者培之，倾者覆之。《诗》曰：'嘉乐君子，宪宪令德。宜民宜人，受禄于天。保佑命之，自天申之。'故大德者必受命。"

---

① "双"字，疑有误。原文繁体作"雙"，疑为"隻"，即"只"字。

全重在"德为圣人"一句。果能德为圣人，纵令不为天子，不有四海，不崇九庙，不满四旬，而其位、其禄、其名、其寿元在。所谓先天而天弗违，乃名"受命"也。

28 子曰："无忧者，其惟文王乎！以王季为父，以武王为子，父作之，子述之。武王缵大王、王季、文王之绪，壹戎衣而有天下，身不失天下之显名，尊为天子，富有四海之内，宗庙飨之，子孙保之。武王末受命，周公成文武之德，追王大王、王季，上祀先公，以天子之礼。斯礼也，达乎诸侯、大夫，及士、庶人。父为大夫，子为士，葬以大夫，祭以士；父为士，子为大夫，葬以士，祭以大夫。期之丧，达乎大夫；三年之丧，达乎天子。父母之丧，无贵贱，一也。"

虽赞文王，即是赞武周之孝；武周之孝，全由文王止孝止慈得来。

29 子曰："武王周公，其达孝矣乎！夫孝者，善继人之志，善述人之事者也。"

善继善述，须与"时措之宜"参看，须从慎独时中处发源。

30 "春秋修其祖庙，陈其宗器，设其裳衣，荐其时食。宗庙之礼，所以序昭穆也；序爵，所以辨贵贱也；

序事，所以辨贤也；旅酬下为上，所以逮贱也；燕毛，所以序齿也。践其位，行其礼，奏其乐，敬其所尊，爱其所亲，事死如事生，事亡如事存，孝之至也。郊社之礼，所以事上帝也；宗庙之礼，所以祀乎其先也明乎。郊社之礼，禘尝之义，治国其如示诸掌乎。"

末节两个"所以"字，正是礼中之义。由知天知人，以修身事亲；由事亲修身，以合天道之诚。方是事帝祀先之义，否则牺牲玉帛，可为礼乎？

四引答哀公问，结成宗要。

31　哀公问政。子曰："文武之政，布在方策。其人存则其政举，其人亡则其政息。人道敏政，地道敏树。夫政也者，蒲卢也，故为政在人。取人以身，修身以道，修道以仁。仁者，人也。亲亲为大；义者，宜也，尊贤为大。亲亲之杀，尊贤之等，礼所生也。"

补注　为政在人，取人以身，修身以道，修道以仁，四句是全部政治学。通古今，达万国，不可改也。

32　"故君子不可以不修身。思修身，不可以不事亲；思事亲，不可以不知人；思知人，不可以不知天。"

知天，谓悟性真也；知人，谓亲师取友，以开智慧也；事亲，为修身第一务，即躬行之始也。知天为法身，知人成般若，事亲修身为解脱。

33 天下之达道五，所以行之者三，曰：君臣也，父子也，夫妇也，昆弟也，朋友之交也，五者天下之达道也。知、仁、勇三者，天下之达德也，所以行之者一也。

悟性具三德，则三非定三，而三德宛然，正显圆行必由圆解。解性行本一，随以三德，而行五达也。

34 或生而知之，或学而知之，或困而知之，及其知之一也。或安而行之，或利而行之，或勉强而行之，及其成功一也。

生知安行，亦是修德，亦是以人合天，但省力耳。即知即行，所知者，即法身之一，一必具三；能知者，即般若，般若亦三；所行者，即性具之事，事亦具三；能行者，即妙修之功，功亦具三。惟种种三，三不离一，所谓非一非三，而三而一。

35 子曰①：“好学近乎知，力行近乎仁，知耻近乎勇。”

知、仁、勇，为真修；好学、力行、知耻，为缘修，故但云“近”。除却生知安行一辈，其余二辈，都要从缘修起。

---

① “子曰”二字，原文中缺。

36 "知斯三者，则知所以修身；知所以修身，则知所以治人；知所以治人，则知所以治天下国家矣。"

缘修，亦是全性所起，故悟性具缘修，则一了百当。

37 凡为天下国家有九经，曰：修身也，尊贤也，亲亲也，敬大臣也，体群臣也，子庶民也，来百工也，柔远人也，怀诸侯也。

修身则道立，尊贤则不惑，亲亲则诸父昆弟不怨，敬大臣则不眩，体群臣则士之报礼重，子庶民则百姓劝，来百工则财用足，柔远人则四方归之，怀诸侯则天下畏之。

齐明盛服，非礼不动，所以修身也；去谗远色，贱货而贵德，所以劝贤也；尊其位，重其禄，同其好恶，所以劝亲亲；官盛任使，所以劝大臣也；忠信重禄，所以劝士也；时使薄敛，所以劝百姓也；日省月试，既廪称事，所以劝百工也；送往迎来，嘉善而矜不能，所以柔远人也；继绝世举废国，治乱持危，朝聘以时，厚往而薄来，所以怀诸侯也。

凡为天下国家有九经，所以行之者一也。

九经，无非性具；悟性，方行九经，故曰"行之者一"。

补注 《华严经》云："心如工画师，能画诸世间；五蕴悉从生，无法而不造。"又云："若人欲了知，三世一切佛；应观法界性，一切唯心造。"故曰"所以行之者一也"。

38　凡事豫则立，不豫则废。言前定则不跲，事前定则不困，行前定则不疚，道前定则不穷。

先开圆解，随起圆行。圆解不开，不名为豫，故下文直指明善，为诚身之本。

39　在下位不获乎上，民不可得而治矣。获乎上有道，不信乎朋友，不获乎上矣；信乎朋友有道，不顺乎亲，不信乎朋友矣；顺乎亲有道，反诸身不诚，不顺乎亲矣；诚身有道，不明乎善，不诚乎身矣。

此节与前"故君子"节参看，便见其妙。前云知天，即是今明善；前以事亲为修身之要，今以诚身为顺亲之本；前以知人居事亲之先，今以顺亲居信友之先。前约进修，今约功效，逆顺相成，而皆以圆解为先，学者可不以开圆解，为急务乎？

在下位，不独指士、庶人说，诸侯在天子之下，天子在上帝之下。人为下位，天为上位，以人道合天道，乃名获乎上耳。

佛法释者，不得佛道，不能度生；不合菩萨所行之道，不成佛道；不以持戒、孝顺父母、师僧三宝，不合菩萨所行之道；不信一体三宝，不能持无上戒；不悟本来佛性，不能深信一体三宝也。

40　诚者，天之道也；诚之者，人之道也。诚者，不勉而中，不思而得，从容中道，圣人也；诚之者，择善而固执之者也。

此非以天道人道并陈，乃归重于人道合天耳。谓除非不勉不思，方是天然圣人；世间决无天然之圣，必须择善、固执。只要修到极则，自然彻证本性矣。此已为下文圆位张本，而又必从前文圆解发来，最宜深思。

问曰："如伏羲等圣，惠能等祖，岂不是天然之圣？"答曰："《宗镜》云'直饶生而知之，亦是多生闻熏成种，或乃诸圣本愿冥加'。"

41　博学之，审问之，慎思之，明辩之，笃行之。

王阳明曰："问、思、辩、行，皆所以为学，未有学而不行者也。如言学孝，则必服劳奉养，躬行孝道，而后谓之学，岂徒悬空口耳讲说乎？学射则必张弓挟矢，引满中的；学书则必伸纸执笔，操觚染翰。尽天下之学，未有不行而可以言学者。则学之始，固已即是行矣。笃者，敦实笃厚之意。已行矣，而敦笃其行，不息其功之谓耳。盖学之不能无疑，则有问，问即学也，即行也。又不能无疑，则有思，思即学也，即行也。又不能无疑，则有辩，辩即学也，即行也。辩既明矣，思既慎矣，问既审矣，学既能矣。又从而不息其功焉，斯之谓笃行。非谓学问思辩之后，始措之于行也。"

42　有弗学，学之弗能，弗措也；有弗问，问之弗知，弗措也；有弗思，思之弗得，弗措也；有弗辩，辩

之弗明，弗措也；有弗行，行之弗笃，弗措也。人一能
之己百之，人十能之己千之。

此特为困知勉行者，示一下手之方。盖以末世之中，学知利
行者，亦不可多得，直须如此明善以诚其身，方为修道之教，方
能灭命之妄，以合天真。

补注 观有弗学、有弗问、有弗思、有弗辨、有弗行五句，可
知博学是要专中求博，非以杂学为博也。专而能勤，勤而能久，未
有不成者也。

人一能之己百之，人十能之己千之，是孔门修行秘诀，亦是
三世诸佛修行秘诀。《妙法莲华经》"授学无学人记"品，佛云：
"诸善男子，我与阿难等，于空王佛所，同时发阿耨多罗三藐三菩
提心。阿难常乐多闻，我常勤精进，是故我已得成阿耨多罗三藐
三菩提。"阿耨多罗三藐三菩提，译云无上正等正觉。

43　果能此道矣，虽愚必明，虽柔必强。

二"必"字与"果"字相照，所谓吾今为汝保任此事，终不
虚也。古人云："但办肯心，决不相赚。"读者勉之！

四广陈明道合诚，拟于圆位。

44　自诚明，谓之性；自明诚，谓之教。诚则明矣，
明则诚矣。

自诚明者，犹《大佛顶经》所谓"性觉必明"，此则但有性德，而无修德，凡圣平等，不足为贵。直须以始觉合本觉，自明而诚，则修德圆满，乃为修道之教。

此下二句，皆承此句说去，谓自明而诚。诚极则明亦极，是妙觉寂照之义，单指修德极果言之，又即正在明善之时；明则必诚，是等觉以下照寂之义，乃约修德从因至果言之。故此二句皆约教说，不取但性，为诚则明也，盖但性无修，不免妄为明觉，却成生灭之始矣。

45 惟天下至诚，为能尽其性；能尽其性，则能尽人之性；能尽人之性，则能尽物之性；能尽物之性，则可以赞天地之化育；可以赞天地之化育，则可以与天地参矣。

补注 竖穷三际，横遍十方，乃可谓尽，然非佛莫能言，虽圣人有所不知。其时佛法未来，众生机感之大，无过于天地化育，故《中庸》所言，亦止于是，否则无征不信，不信民弗从。

宋相张商英云："吾惟学佛，然后知儒。"诚哉是言也。愚而拒佛，便是自小。韩欧程朱诸贤，当早自悲哀忏悔，奈何后人犹效之乎？

此至诚，即是明善以诚其身，修德功极，究竟证于性体者也，故曰"为能尽其性"。"尽"字，全约修道之教，不可但约性德。然只说到与天地参，便是儒门狭小之处；若知空生大觉中，如海一沤发，则佛道可阶矣。[①]

① 此段文字是蕅益的"解"，之前和之后都有一个补注，此体例在全书中较为特殊。

补注 己性、人性、物性，乃至天地之化育，皆是一性，故一尽而无不尽。与天地参，即是与十方世界不二。

46 其次致曲。曲能有诚；诚则形，形则著，著则明；明则动，动则变，变则化。唯天下至诚为能化。

须观介尔有心，三千具足，方是致曲。曲能有诚的工夫，连用几个"则"字，正显约机虽钝，约教并圆也。"致"字是妙观之功，"曲"字是所观事境，"诚"字是所显理谛。"形"、"著"、"明"三字，在观行位，即初中后三心。"动"字在相似位，"变"字在分真位，"化"字在究竟位。

47 至诚之道，可以前知。国家将兴，必有祯祥；国家将亡，必有妖孽。见乎蓍龟，动乎四体，祸福将至，善必先知之，不善必先知之。故至诚如神。

既致曲而到至诚之地，则必先知如神，岂俟祯祥妖孽，蓍龟动体，而后知哉？妖祥之验，蓍龟之设，不过为愚者决疑。

48 诚者自成也，而道自道也。诚者物之终始，不诚无物，是故君子诚之为贵。诚者非自成己而已也，所以成物也。成己，仁也；成物，知也。性之德也，合外内之道也，故时措之宜也。

前明致曲，乃到至诚，恐人谬谓诚是修成，不是性具，故今明"诚者自成",即所谓天然性德也。又恐人谬谓性德止有正因,不具缘了二因,故今明"道亦自道",所谓全性起修,全修在性也。又虽说性修,皆本无作,人谁知此本具性修,故又即事指点,谓一切根身器界之物,无不从此诚出,无不还归此诚,故诚乃是物之终始。若谓诚理是无,则一切物从何而有?现见有物,即知有诚,既本有诚,则必诚之为贵矣。有性无修,性何足贵?贵在修能显性耳。

性既物我所同,故诚之者亦必物我俱成。成己宜云是"知",以成即物之己,故名为"仁";成物宜云是"仁",以成即己之物,故名为"知"。若己若物,无非一性;若修若性,果皆名德。事理不二,谛智一如;物我无分,果因交彻,故名"合外内之道也"。四悉益物,权实随机;尽于未来,无有穷尽,故名"时措之宜"。

49 故至诚无息,不息则久,久则征,征则悠远,悠远则博厚,博厚则高明。

诚理本自竖穷横遍,今致曲者,致到至诚地位,自然彻证竖穷横遍之性。故至诚无息,乃至博厚高明,体用无不竖穷横遍也。

50 博厚,所以载物也;高明,所以覆物也;悠久,所以成物也。博厚配地,高明配天,悠久无强。

用处既皆竖穷横遍,所以载覆成物,能与天地合德。此言与天地合德,亦且就人间分量言耳,实则高天厚地,皆吾依报之一尘。

51 如此者，不见而章，不动而变，无为而成。

"如此者"三字，牒前致曲之人，致到极处，内证诚之全体，外得诚之大用，则全体即用，全用即体，故曰"不见而章"等也。

52 天地之道，可一言而尽也：其为物不贰，则其生物不测。

诚理，全体即具大用。人证之而内外一如，天地亦得此理，而体用不二。为物不贰，即是体；生物不测，即是用。由揽全体，故具全用。

观心释者，观一念中所具国土千法，名为天地为物不贰，正是一切惟心。若非惟心，则天是天，地是地，安得不贰？

53 天地之道，博也，厚也；高也，明也；悠也，久也。

天地全是一"诚"，故各全具博、厚，高、明，悠、久六义。若以博厚单属地，高明单属天，即与前分配之文何别，何必更说？且与为物不贰之旨有妨矣。思之！

54 今夫天，斯昭昭之多，及其无穷也，日月星辰系焉，万物覆焉。今夫地，一撮土之多，及其广厚，载华岳而不重，振河海而不泄，万物载焉。今夫山，一卷石之多，及其广大，草木生之，禽兽居之，宝藏兴焉。

今夫水，一勺之多，及其不测，鼋鼍蛟龙鱼鳖生焉，货财殖焉。

昭昭、一撮、一卷、一勺之性，即是无穷、广厚、广大、不测之性，即于昭昭中能见无穷者，乃可与言博厚、高明、悠久之道。否，则落在大小情量，全是徧计妄执而已。所以文中四个"多"字，指点令人悟此昭昭、一撮之法界不小，无穷、广厚之法界不大也。

55 《诗》云："维天之命，於穆不已。"盖曰天之所以为天也，於乎不显；文王之德之纯，盖曰文王之所以为文也，纯亦不已。

此"命"字，与首篇"命"字不同，直指天道无息，假名为命耳。不已，即无息；无息，即诚体。天得之而为天者，以此，岂以苍苍者为天哉？又若未有修德，则迷天成命，如水成冰；既有修德，则悟命成天，如冰还成水。一则全真是妄，一则全妄是真也。不显，即穆；穆，深远之意。若作岂不显释者，谬。纯，即不已；不已，即无息。以人合天，以修合性，斯之谓也。

56 大哉，圣人之道！洋洋乎！发育万物，峻极于天。优优大哉！礼仪三百，威仪三千。

惟圣人能以教修道，而证全性之理，故直名为"圣人之道"。洋洋、优优，俱是性具之道，故同是大。洋洋，亦入无间；优优，亦极无外，不可偏释。

57 待其人而后行，故曰"苟不至德，至道不凝焉"。

因至德方凝至道，所以道必属于圣人。

58 故君子尊德性而道问学，致广大而尽精微，极高明而道中庸。温故而知新，敦厚以崇礼。

性虽具德，由修方显，以修显性，名曰"德性"。无修则性何足贵，修则性显而尊，故欲尊德性，必道问学。然欲道问学，必尊德性，不尊德性，不名真问学也。广大、精微、高明、中庸、故、新、厚、礼，皆性德也；致、尽、极、道、温、知、敦、崇，皆道问学以尊之者也。若欲备知其义，具在《性学开蒙》。

补注 蕅益大师《灵峰宗论》载大师《性学开蒙》答问一篇，最为详尽，学者当求读之。今录其平论朱陆二公学说一段，云：

象山意谓不尊德性，则问学与不问学皆无用，但能尊其德性即真问学。犹吾佛所谓胜净明心，不从人得，何藉劬劳，肯綮修证；亦犹六祖本来无物；又即孔子吾道一以贯之也。是将尊德性摄问学，非恃德性而废问学，故得为名贤也。

紫阳意谓若不道问学，虽高谈德性，如所谓理佛，非关修证。必道问学，以成至德，方可凝其率性之道。犹吾佛所谓菩提涅槃，尚在遥远，要须历劫辛勤修证；亦犹神秀时时拂拭；又即孔子庸德之行、庸言之谨，下学而上达也。是将问学尊德性，非徒问学而置德性，亦得为名贤也。

然则悟象山之所谓德性，问学已道；悟紫阳之所谓问学，德性自尊。可谓是则俱是。而象山似顿悟，较紫阳之渐修，当胜一筹。

然执象山之言而失旨，则思而不学，与今世狂禅同陷险坑，孔子谓之曰"殆"。执紫阳之言而失旨，则学而不思，与今世教律同无实证，孔子谓之曰"罔"。可谓非则俱非。而无实证者，尚通六趣；陷险坑者，必堕三途。象山之流弊，亦较紫阳倍甚。

若就二公之学，以救二公之徒，亦有两番。一逆救，以象山之药，治紫阳之病；以紫阳之药，救象山之病。二顺救，执象山之言者，为申象山真旨；执紫阳之言者，为申紫阳真旨。终不若向初义打透，则二病不生，二药无用矣。

又云：

德性二字，已含性修因果旨趣；而广大精微等，皆德性所具之义趣；致之尽之，乃至崇之，皆道问学者之妙修耳。尊此德性，方道其问学；道此问学，方尊其德性。否则性近习远，沦于污下，犹所谓法身流转五道，为众生矣。

然德性，广大谓其洋洋发育也，精微谓其优优百千也；高明谓其位天育物也，中庸谓其不离子臣弟友之间也；故谓其禀自初生也，新谓其经纶参赞也；厚谓父子君臣等皆天性所定也，礼谓仰事俯育等皆人事应尔也。

世有广大而不精微者，如海鱼身长若干由旬，荡而失水，蝼蚁得意；有即广大而精微者，如阿修罗王，变身与须弥齐，复能幻入藕丝孔。德性亦尔，虽洋洋峻极，而复举体摄入一威仪；随举一小威仪，全具德性，非德性少分也。世有精微而不广大者，如玩器等，微妙精巧，不堪致用；有即精微而广大者，如摩尼珠，圆明清净，不过分寸，置之高幢，四洲雨宝。德性亦尔，虽百千经曲，而随拈其一，皆全具位育功能，非少分功能也。

世有高明而不中庸者，如夏日赫盛，不可目视；有即高明而中庸者，如诸佛光明胜百千日，而触者清凉。德性亦尔，上达即在下学，位天育物之极致，不离庸言庸行之家风。世有中庸而不高明者，如乡党善人，可狎可欺；有即中庸而高明者，如时中之圣，温而厉。德性亦尔，下学全体上达，洒扫应对之节，即具旋乾转坤之用。

世有故而不新者，如衣敝不堪复御；有故而尝新者，如上古瑶琴，一番摩抚一番音。德性亦尔，出生一切道德文章、经纶事业，不可穷尽。世有新而不故者，如美食不可再列；有新而常故者，如春至花开，树未尝改。德性亦尔，虽出一切经纶事业、道德文章，而体尝如故。

世有厚而非礼者，如牛犊相随，殷然天爱，而罔知仪节；有厚而即礼者，如孝子事亲，冬温夏凉，昏定晨省，出于至性，匪由勉强。德性亦尔，虽率其天真，自有礼节。世有礼而非厚者，如六国事秦，势不得已；有礼而即厚者，如孔子拜下，尽礼非谄。德性亦尔，虽百千经曲，绝非强设。

又致广大而不尽精微者，亦自有博学多闻，与则半是，夺则全非，以既不精微，即于广大不能致故。尽精微而不致广大者，亦自谓一门深入，与亦半是，夺亦全非，以既不广大，则于精微不能尽故。

极高明而不道中庸者，亦自谓豁达大度，然离中庸，而别拟高明，便不名极。道中庸而不极高明者，亦自谓言行相顾，然舍高明而安于卑陋，非君子之道。

温故而不知新者，亦自谓守其德性，而德性岂如此之痴顽。知新而不温故者，亦自谓日有增长，然如沟浍可立待其涸。

敦厚而不崇礼者，亦自谓率其本真，未免同人道于牛马。崇礼而不敦厚者，亦自谓举止有式，反为忠信之薄，而乱之首。

故必了知广大精微等，无非德性，皆须道问学以尊之，则全修在性，全性起修。既非二致，那偏重轻？斯为超出是非两关，全收二公之长，永杜二公流弊者也。

59 是故居上不骄，为下不倍。国有道，其言足以兴；国无道，其默足以容。《诗》曰："既明且哲，以保其身。"其此之谓与。

不骄不倍等，即是时措之宜。又下同悲仰，故不骄；上合慈力，故不倍。机熟，则为圣说法，四悉益物，故足兴；机生，则为圣默然三昧观时，故足容。知实理为明，知权理为哲，自利利他为保身，犹《易传》中"保合太和"之"保"。

60 子曰："愚而好自用，贱而好自专，生乎今之世，反古之道，如此者，灾及其身者也。"

好自用是骄，好自专是倍，生今反古是不知时措之宜，灾及其身是不能保身。

佛法释者，不知权实二智，不知四悉善巧，必有自害害他之失。

61 非天子不议礼，不制度，不考文。今天下，车同轨，书同文，行同伦。虽有其位，苟无其德，不敢作礼乐焉；虽有其德，苟无其位，亦不敢作礼乐焉。

子曰："吾说夏礼，杞不足征也；吾学殷礼，有宋存焉；吾学周礼，今用之，吾从周。"

佛法释者，礼是体义，拟法身德；度是方法，拟解脱德；文是能诠，拟般若德。三德常乐秘密之藏，惟佛一人，能开能示；后世祖师，传佛心印，假使离经一字，即同魔说，所谓同轨、同文、同伦也。

夫有位无德，是迹高本下；有德无位，是本高迹下。今之本迹俱下，而辄非佛经，自撰《语录》，罪何如哉？

62　王天下有三重焉，其寡过矣乎。

佛法释者，得法国土，王于三界，自悟三谛，而证三德。以此三谛，立一切法，破一切法，统一切法，方无过咎。

补注　三谛、三观、三德，详见上编《始终心要解》。

63　上焉者虽善无征，无征不信，不信民弗从；下焉者虽善不尊，不尊不信，不信民弗从。

佛法释者，过去诸佛，机感已尽；未来诸佛，机缘未熟，所以化导为难。

又约教释者，单提向上第一义谛，契理而未必契机，名为"虽善无征"。单赞散善，及戒定等，逗机而未必出世，名为"虽善不尊"。

64 故君子之道，本诸身，征诸庶民，考诸三王而不缪，建诸天地而不悖，质诸鬼神而无疑，百世以俟圣人而不惑。质诸鬼神而无疑，知天也；百世以俟圣人而不惑，知人也。

本诸身者，身证三德秘藏，秘藏乃本性所具也；征诸庶民者，一切众生皆有三佛性也；考不缪者，过去诸佛道同也；建不悖者，依正无非三谛，又以性为天，则修不悖性也；质无疑者，十法界无非一性也，举鬼神为言端，显界异而理不异耳；俟不惑者，未来诸佛道同也。

质鬼神，是约十法界同性，故曰"知天"；俟圣人，是约佛法界同修，故曰"知人"。

65 是故君子动而世为天下道，行而世为天下法，言而世为天下则。远之则有望，近之则不厌。

动，即意轮不思议化；行，即身轮不思议化；言，即口轮不思议化。世为天下，显其竖穷横遍也。

66 《诗》曰："在彼无恶，在此无射。庶几夙夜，以永终誉。"君子未有不如此，而蚤有誉于天下者也。

无恶、无射，即是有望、不厌耳。"如此"二字，只重在本诸身；既本诸身，自能征、考、建、质且俟，自具三轮不思议化。

蕃者，操其券于己，不求验于人也。《诗》称"永终"，文结"蕃有"，始终总不离一诚体。

67 仲尼祖述尧舜，宪章文武，上律天时，下袭水土。

前文明仲尼从周，而以三重归诸王天下者。今又恐人不达，谓此大事因缘，惟在王天下人，不知时之与位，虽有差别；而本身征民之德，三轮不思议用，无差别也。故今特明一介匹夫之仲尼，然其考不缪、建不悖、质无疑者，如此可见，此道人人有分，个个不无。

68 辟如天地之无不持载、无不覆帱，辟如四时之错行，如日月之代明。万物并育而不相害，道并行而不相悖。小德川流，大德敦化，此天地之所以为大也。

万物并育，道并行，喻性具性量，即是性体；小德川流，喻性体性量，即是性具；大德敦化，喻性具性体，即是性量。此赞天地，即赞仲尼，而文字出没变化，绝无痕迹。

69 唯天下至圣，为能聪明睿知，足以有临也；宽裕温柔，足以有容也；发强刚毅，足以有执也；齐庄中正，足以有敬也；文理密察，足以有别也。

人能修德如仲尼，即为天下至圣；既为至圣，即具聪明睿知等德；既具此德，即足以有临有容，乃至有别。奚必居位，方名王者？故《大学》云："自天子以至于庶人，壹是皆以修身为本。"应知至圣至诚，皆吾人自心所具极果之名，不可看属他人也。

70 溥博渊泉，而时出之。溥博如天，渊泉如渊，见而民莫不敬，言而民莫不信，行而民莫不说。是以声名洋溢乎中国，施及蛮貊。舟车所至，人力所通；天之所覆，地之所载；日月所照，霜露所队。凡有血气者，莫不尊亲，故曰"配天"。

见、言、行，即时出也，亦即三轮不思议化也。对下文配合，则如天为中，如渊为空，见、言、行之时出为假。又溥博渊泉是理体，时出之是事用。理中本具三谛，束三为二，名曰空中；事中亦具三谛，束三为一，但名为假也。

71 唯天下至诚，为能经纶天下之大经，立天下之根本，知天地之化育。夫焉有所倚？

既是至圣，则已究竟尽性，亦名至诚圣。约能证之智，即大菩提诚；约所证之理，即大涅槃。涅槃，名秘密藏，圆具三谛。大经，是俗谛大本，是真谛化育，是中谛。经纶之、立之、知之，是一心三智也，举一即三，言三即一。不著二边，不著中道，故无所倚。

72 肫肫其仁，渊渊其渊，浩浩其天。

三谛皆能立一切法，故皆肫肫，同名为仁；三谛皆能破一切惑，故皆渊渊，同名为渊；三谛皆能统一切法，故皆浩浩，皆名为天。三个"其'字正显虽由修道而证，实皆性具也。

73　苟不固聪明圣知，达天德者，其孰能知之。

聪明圣知，而达天德。全悟真因，而成果觉；全以果觉，而为真因者也。惟佛与佛，乃能究尽诸法实相。信然！信然！

五结示始终奥旨，拟于流通。

74　《诗》曰："衣锦尚绸。"恶其文之著也。故君子之道，阇然而日章；小人之道，的然而日亡。君子之道，淡而不厌，简而文，温而理。知远之近，知风之自，知微之显，可与入德矣。

背尘合觉，守于真常，始则不为物转，弃外守内；后则静极光通，便能转物，故阇然而日章。若不向真妄源头悟彻，不向圆通本根下手，而泛滥修习，即所谓的然而日亡也。

正因缘境名为淡，一心三观名为简，始终修习名为温。境中本具妙谛，故淡而不厌；三观摄一切法门皆尽，故简而文；修习从因至果，具足差别智断，条然不乱，故温而理。

介尔有心，可谓至近也；三千具足，可谓远矣。成佛而名闻满十方界，可谓道风遐布也；由悟圆理、圆修、圆证，以为其本，可谓风所自矣。初心一念修习三观，可谓至微也；即能具足一切究竟功德，可谓显矣。此节重在三个"知"字，正是妙悟之门。

75 《诗》云："潜虽伏矣，亦孔之昭。"故君子内省不疚，无恶于志。君子之所不可及者，其唯人之所不见乎？

此结示从妙悟而起妙修，即慎独工夫也。

76 《诗》云："相在尔室，尚不愧于屋漏。"故君子不动而敬，不言而信。

《诗》曰："奏假无言，时靡有争。"是故君子不赏而民劝，不怒而民威于铁钺。

《诗》曰："不显惟德，百辟其刑之。"是故君子笃恭，而天下平。

此三节，结示由慎独而致中和，遂能位天地，育万物也。

77 《诗》云："予怀明德，不大声以色。"

子曰："声色之于以化民，末也。"

《诗》曰："德辖如毛。"毛犹有伦。"上天之载，无声无臭。"至矣。

此总结示位天育物之中和，即是性具之德。虽复修至究竟，恰恰合于本性，不曾增一丝毫也。

章初"天命之谓性，率性之谓道"，是明不变随缘，从真如门，而开生灭门也。"修道之谓教"一语，是欲人即随缘而悟不变，从生灭门，而归真如门也。一部《中庸》，皆是约生灭门，返妄归真。修道之事，虽有解行位三，实非判然三法，一一皆以真如理性，而为所悟、所观、所证。

直至今文，结归无声无臭，可谓因果相符，性修不二矣。但此皆用《法华》开显之旨，来会权文，令成实义。不可谓世间儒学，本与圆宗无别也。观彼大孝至孝，未曾度亲成佛；尽性之极，不过与天地参，则局在六合之内，明矣。读者奈何坚执门庭，漫云三教究竟同耶？若欲令究竟同，除是开权显实，开迹显本，则又必归功《法华》。否则谁能开显，令与实相不相违背。思之！思之！

大学直指补注序

夫圣经，天下国家之心要也；《大学》一书，又诸经之心要也；蕅益大师《大学直指》，又《大学》之心要也。得此心则天下国家治且安，失此心则天下国家乱且危，其关系之重何如乎！而其致力之本，则在于修身；修身之本，在于正心；正心之本，在于诚意；诚意之本，在于致知；致知之功，即在格物。

物即身、家、国、天下之物；格者正也，正其不正，以归于本正之谓格。格，感，通也，竖穷三际、横遍十方之谓格。夫是之谓"大学"，夫是之谓"明明德于天下"。若广说之，岂但一天下云乎哉？不入华严法界观，不能知其究竟矣。

窃尝论之，《大学》一书，世间法之总持也，而即为出世资粮；《佛说阿弥陀经》，出世间法之总持也，而不离世间功德。合是二者而倡导之，弘扬之，则身修家齐国治而天下平，乃至出轮回，生净土，究竟成佛，普度有情，无他求矣。既申蕅师《直指》之意为之补注，以便学者，复敬为之赞。赞曰：

自有此经，未有此注；格物致知，全经要处。破我法执，修二空观；于一切法，作唯心看。身为物本，格之所先；家国天下，乃其末焉。本硕末荣，一气之宣；惟明明德，摄无不圆。宋儒未解，更为补传；错乱古经，大义不显。旭师妙悟，直指真诠；孔圣复起，当无间然。勖哉来学，熟复斯篇；如是修者，是真圣贤。家齐国治，天下便便。便便即平平。

民国二十三年甲戌孟夏阳复子江谦谨述

大学直指补注 依古本

大者，当体得名，常遍为义。即指吾人现前一念之心，心外更无一物可得，无可对待，故名当体。此心前际无始，后际无终，生而无生，死而不死，故名为常。此心包容一切家国天下，无所不在，无有分剂方隅，故名为遍。

学者，觉也。自觉觉他，觉行圆满，故名"大学"。"大"字即标本觉之体，"学"字即彰始觉之功。本觉是性，始觉是修；称性起修，全修在性；性修不二，故称"大学"。

文分为二：从初至"天下平"，统示性修旨趣；从"自天子"至终，详示妙修次第。

初中又二：初二节示妙悟之门，次三节示妙修之叙。

初中又二：初直示境观，二点示悟修。

今初。

1 大学之道，在明明德，在亲民，在止于至善。

道者，从因趋果所历之路也。只一"在明明德"，便说尽"大学"之道。上"明"字，是始觉之修；下"明德"二字，是本觉之性。

性中本具三义，名之为德，谓：现前一念灵知洞彻，而未尝有形，即般若德；现前一念虽非形像，而具诸妙用，举凡家国天下，皆是此心中所现物，举凡修齐治平，皆是此心中所具事，即解脱德；又复现前一念，莫知其乡而不无，位天育物而非有，不可以有无思，不可以凡圣异，平等不增不减，即法身德。

我心既尔，民心亦然，度自性之众生，名为"亲民"；成自性之佛道，名"止至善"。亲民、止至善，只是明明德之极致，恐人不了，一一拈出，不可说为"三纲领"也。此中明德、民、至善，即一境三谛；明、亲、止，即一心三观。明明德即自觉，亲民即觉他，止至善即觉满。自觉本具三德，束之以为般若；觉他令觉三德，束之以为解脱；至善自他不二，同具三德，束之以为法身。

不纵不横，不并不别，不可思议，此理名为大理。觉此理者，名为"大学"。从名字觉，起观行觉；从观行觉，得相似觉；从相似觉，阶分证觉；从分证觉，归究竟觉，故名"大学之道"。

补注　三谛、三观、三德，详言上编《始终心要解》。

二点示悟修。

2　知止而后有定，定而后能静，静而后能安，安而后能虑，虑而后能得。

"止"之一字，虽指至善，只是明德本体。此节指点人处，最重在"知"之一字。《圆觉经》云："知幻即离，不作方便；离幻即觉，亦无渐次。"当与此处参看。《大佛顶经》云："以不生不灭为本修因，然后圆成果地修证。"即"知止"之谓也。

此中知为妙悟，定、静、安、虑为妙修，得为妙证。动静二相了然不生，名能定；外境不扰故，闻所闻尽，名能静；内心无喘故，觉所觉空，名能安；烦恼永寂故，空所空灭，名能虑；寂灭现前，如镜现像故，忽然超越，名能得，获二殊胜故。

补注 《大佛顶首楞严经》云：

尔时观世音菩萨，即从座起，顶礼佛足，而白佛言："世尊，忆念我昔无数恒河沙劫，于时有佛，出现于世，名观世音，我于彼佛，发菩提心。彼佛教我，从闻思修，入三摩地。初于闻中，入流亡所，所入既寂，动静二相，了然不生；如是渐增，闻所闻尽，尽闻不住；觉所觉空，空觉极圆；空所空灭，生灭既灭，寂灭现前。忽然超越世出世间，十方圆明，获二殊胜。一者，上合十方诸佛本妙觉心，与佛如来，同一慈力；二者，下合十方六道众生，与诸众生同一悲仰。

闻所闻尽、觉所觉空、空所空灭者，谓能闻能觉能空之心，与所闻所觉所空之境，俱泯也。忽然超越、获二殊胜者，超越世间有缚与出世间空缚，故空假双照，发大慈悲心。

次三节示妙修之叙。

3 物有本末，事有终始，知所先后，则近道矣。

此启下文两节之义。盖迷明德，而幻成身及家国天下，名之为"物"。既已迷德成物，且顺迷情，辨其本末，返迷归悟之功，名之为"事"。

既向生灭门中，商推修证，须知有终始，始宜先，终宜后。"古之欲明"一节，知所先之榜样也；"物格"一节，知所后之成案也。

4 古之欲明明德于天下者，先治其国；欲治其国者，先齐其家；欲齐其家者，先修其身；欲修其身者，先正其心；欲正其心者，先诚其意；欲诚其意者，先致其知；致知在格物。

说个明明德于天下，便见亲民止善，皆明德中事矣。正其心者，转第八识为大圆镜智也；诚其意者，转第七识为平等性智也；致其知者，转第六识为妙观察智也；格物者，作唯心识观，了知天下国家、根身器界，皆是自心中所现物，心外别无他物也。

是故若欲格物，莫若观所缘缘，若知外所缘缘非有，方知内所缘缘不无。若知内所缘缘不无，方能力去内心之恶，力行心内之善，方名"自谦"，方名"慎独"。又只一明德，分心、意、知三名，致知即明明德。

补注 离本清净周遍之心，而幻为八识：一眼识，二耳识，三鼻识，四舌识，五身识，六意识，七末那识，八阿赖耶识。前六识者，眼耳鼻舌身意六根，与色声香味触法六尘相接，而现之识也；第七末那识，译云染污，执我执法之意根也；第八阿赖耶识，译云含藏，即前七识之所藏也。

能转八识，则成四智，转眼耳鼻舌身识为成所作智，转意识为妙观察智，转末那识为平等性智，转阿赖耶识为大圆镜智，如是则复还其清净周遍之真心。

观所缘缘者，谓观由见所取之相也。外所缘缘，是所缘之境；内所缘缘，是能缘之心。

5 物格而后知至，知至而后意诚，意诚而后心正，心正而后身修，身修而后家齐，家齐而后国治，国治而后天下平。

我法二执破，则物自格，犹《大佛顶经》所云："不为物转，便能转物也。"知至者，二空妙观无间断。意诚者，由第六识入二空观，则第七识不复执第八识之见分，为内自我法也。心正者，由六七二识无我执故，第八识舍赖耶名；由六七二识无法执故，第八识舍异熟名；转成庵摩罗识，亦名大圆镜智相应心品也。

身修者，第八识既成无漏，则一切五阴、十二处、十八界，皆无漏也。家齐国治天下平者，一身清净故，多身清净，乃至十方三世圆满清净也。

补注 真如之体，不变而随缘，随色受想行识五蕴之缘而为人，随善恶净染之缘而为法，因缘和合，虚妄有生，故皆无自性，当体即是真如。不知是义，而妄执有实人，即为人我执；妄执有实法，即为法我执。我执者，谓执有自性也。

能破二执，即得二空。《金刚般若经》云"无我相，无人相，无众生相，无寿者相》"，破人我执也；又云"菩萨应无所住布施，不住色布施，不住声香味触法布施"，破法我执也。当知空假中一心三观，是破二执之神方，斩一切罪根之慧剑也。

异熟者，因果之名，或异时而熟，或异性而熟，或异处而熟，三世因果之成熟，非一时、非一性、非一处也。庵摩罗识，译云白净识，即真如本体。色受想行识为五阴，六根六尘为十二处，六根六尘合六识为十八界，曰阴曰处曰界，皆障碍而不清净，区局向不周遍之称，以皆生灭故，皆有漏也。若能转识为智，则皆成无漏。

已上统示性修旨趣竟。

详示妙修次第又为三：初的示格物，须从本格；二详示诚意必先致知；三更示修齐治平，必有次第。

今初。

6　自天子以至于庶人，壹是皆以修身为本。

前云古之欲明明德于天下者，元不单指帝王有位人说，恐人错解，今特点破。且如舜耕历山之时，何尝不是庶人？伊尹耕有莘时，传说在板筑时，太公钓渭滨时，亦何尝不是庶人？只因他肯格物致知，诚意正心，以修其身，所以皆能明明德于天下耳。

盖以天子言之，则公卿乃至庶人，皆是他明德中所幻现之物，是故自身为物之本，家国天下为物之末。若以庶人言之，则官吏乃至天子，亦皆是他明德中所幻现之物，是故亦以自身为物之本，家国天下为物之末。须知上自天子，下至庶人，名位不同，而明德同；明德既同，则亲民止至善亦同，故各各以修身为本也。

前虽略示物有本末，又云致知在格物，尚未直指下手方便。故今的指修身为本，以心、意、知不可唤作物故，以致、诚、正皆向物之本上格将去故。

7 其本乱而末治者否矣。其所厚者薄，而其所薄者厚，未之有也。此谓知本，此谓知之至也。

所厚，谓责躬宜厚；所薄，谓待人宜宽。若以厚为家，薄为国与天下，便是私情了。会万物而为自己故，谓之知本；自己之外，别无一物当情故，可谓知之至也。

初的示格物，须从本格竟。
二详示诚意必先致知

8 所谓诚其意者，毋自欺也。如恶恶臭，如好好色，此之谓自谦。故君子必慎其独也。

直心正念真如，名为诚意；妄计实我实法，名为自欺。盖稍习闻圣教，未有不知我法二执之为恶，未有不知二空妙观之为善者。但其恶我法二执，不能如恶恶臭；好二空妙观，不能如好好色。所以名为自欺，不自谦耳。

夫臭必知臭，色必知色，可喻良知；知臭必恶，知色必好，可喻致知。今知二执之恶而不力破，知二空之善而不力修，岂可谓致知乎？心外本无实我实法，名之为独。断意中我法二执，断无不尽；修良知二空妙观，修无不圆，名之为慎也。

9 小人闲居为不善，无所不至，见君子而后厌然，掩其不善，而著其善。人之视己，如见其肺肝然，则何益矣！此谓诚于中，形于外，故君子必慎其独也。

此明小人亦有良知，但不能致知，故意不得诚也。闲居，即慎独之"独"字，虽在大庭广众，亦名闲居。为不善者，即是妄起我法二执。二执为众恶根本，故一有二执，便无所不至。见君子而后厌然，正是良知不可昧处。掩不善而著善，是不能诚于中；如见其肺肝然，是不能形其外，故使人得窥其中也。

10 曾子曰："十目所视，十手所指，其严乎！"富润屋，德润身，心广体胖，故君子必诚其意。

十目十手，正是慎独诚中处。润屋润身，正是形外处。心包太虚，故广；体露真常，故胖。

11 《诗》云："瞻彼淇澳，菉竹猗猗。有斐君子，如切如磋，如琢如磨。瑟兮僩兮，赫兮喧兮。有斐君子，终不可谖兮。"如切如磋者，道学也；如琢如磨者，自修也；瑟兮僩兮者，恂栗也；赫兮喧兮者，威仪也。有斐君子，终不可谖兮者，道盛德至善，民之不能忘也。

切磋琢磨，致知也；恂栗，诚于中也；威仪，形于外也；盛德，明德之已明者也。致知则意诚，意诚则心正，知、意、心皆明德之别名，致、诚、正皆明明德之别名。致到极处，诚到极处，正到极处，即名至善；民不能忘，即是亲民。可见亲民、止至善，不是明德外事。

12 《诗》云："於戏，前王不忘。"君子贤其贤而亲其亲，小人乐其乐而利其利，此以没世不忘也。

武公之民不能忘，与前王之民不能忘一般，良以明德之中，自具贤亲乐利，横遍天下，竖彻没世故也。

13 《康诰》曰："克明德。"《太甲》曰："顾諟天之明命。"《帝典》曰："克明峻德。"皆自明也。

由武公而遡之文王，遡之成汤，遡之帝尧，皆是自明。自明，即致知诚意也，即躬自厚也，即修身为本也，即知所先也。

14 汤之《盘铭》曰："苟日新，日日新，又日新。"

欲诚其意，莫若自新。自新者，不安于旧习也。我法二执，是无始妄习，名之为旧；观我法空，是格物致知，名之为新。苟者，斩然背尘合觉也。日日新者，不肯得少为足；又日新者，不肯半涂而废。又苟日新者，断分别二执；日日新者，断俱生二执；又日新者，断二障种子。

补注 分别二执者，由无始以来，种子内熏，兼随外缘邪见分别之粗执；俱生二执者，全由种子内熏，不待外缘邪教，无始以来，与身俱生之细执也。粗执易断，细执难断。我执又名烦恼障，障大涅槃故；法执又名所知障，障大菩提故。二障种子断，则现行不生。

15 《康诰》曰："作新民。"

不是我去作他，只因自能日新，彼便兴起。故孟子曰："待文王而后兴。"兴，即作也。

15 《诗》云："周虽旧邦，其命维新。"是故君子无所不用其极。

只一日新、又新，便使民亦自作，命亦维新。可见心外无民，心外无命。

16 《诗》云："邦畿千里，惟民所止。"诗云："缗蛮黄鸟，止于丘隅。"子曰："于止，知其所止，可以人而不如鸟乎？"《诗》云："穆穆文王，於缉熙敬止！"为人君止于仁，为人臣止于敬，为人子止于孝，为人父止于慈，与国人交止于信。

文王，一人耳。对臣下则各为君，对商纣则名为臣；对王季则名为子，对武周则名为父。可见身是本，而所对皆末也。明德一理耳，对臣下则名为仁，对君上则名为敬，对父母则名为孝，对子孙则名为慈，对国人则名为信。

可见，无所不用其极，无二极也。极即至善，至善即明德本体。此文王自谦处，诚中形外处，皆由格物致知，以诚其意，故能如此。

17 子曰："听讼，吾犹人也，必也使无讼乎。"无情者不得尽其辞，大畏民志，此谓知本。

世人不知心外无物，妄谓仁敬孝慈信，可以对君臣父子良民，不可以化顽恶。殊不知只是物未格，知未致，意未诚耳。如文王之使虞芮息争，何必别商听讼之法。大凡不达人我一体，则有争有竟，便名之为"无情"，非必告谎状而后为无情者也。

今以本无人我之明德化之，故能大畏民志。夫畏民志，则非刑罚之威；大畏民志，则使健讼者，亦化而为圣贤矣。非知身为物本，格物致知，以诚其意者，孰能若此也哉？

二详示诚意，必先致知竟。

三更示修齐治平，必有次第，又为四：初以心身合释，二以身家合释，三以家国合释，四以国与天下合释。虽如此次第合释，然皆不离修身为本，皆不外于格致诚正之功。

今初，以心身合释。

18 所谓修身在正其心者，身有所忿懥，则不得其正；有所恐惧，则不得其正；有所好乐，则不得其正；有所忧患，则不得其正。李卓吾云："'身'字不必改作'心'字。首节见身之有关于心，次节见心之有关于身。"

身者，前六识身也。忿懥、恐惧、好乐、忧患，即贪嗔痴等，根随烦恼也。现行熏成种子，故使第八识心，不得其正。

补注 唯识家分根本烦恼为六，曰：贪、嗔、痴、慢、疑、恶见。分随烦恼为小中大共二十，小随十，曰：忿、恨、覆、恼、嫉、悭、诳、谄、害、憍；中随二，曰：无惭、无愧；大随八，曰：

掉举、昏沉、不信、懈怠、放逸、失念、散乱、不正知。

19　心不在焉，视而不见，听而不闻，食而不知其味。此谓修身在正其心。

第八识体本自无所不在，亦无所在。唯其受染法熏，持染法种，随彼染法所起现行，为视、为听、为食，面见闻知之妙性，遂为彼所覆蔽矣。

盖其光圆满得无增爱者，名之为见；既有所视，便不名见。十方击鼓，十处齐闻者，名之为闻；既有所听，便不名闻。舌根不动，淡性常在者，名为知味；既有所食，便不知味。故前一节深明现行熏种子之失，此一节深明种子生现行之失。

身心相关若此，故必格物致知以诚其意，然后心正而身修也。有所忿懥等，只是不能格物，故意不诚；不见不闻等，只是不能致知，故心不正而身不修。

问曰："前云如恶恶臭，如好好色；此云忿懥好乐，皆不得正。前后不相违耶？"答曰："如恶恶臭，断我法二执也；如好好色，修二空妙观也。二观成就，方能无忿懥等。自无忿懥等私，方能民之所好好之，民之所恶恶之。故知格物致知之外，别无诚意正心之功。

二身家合释。

20　所谓齐其家在修其身者，人之其所亲爱而辟焉，之其所贱恶而辟焉，之其所畏敬而辟焉，之其所哀矜而

辟焉，之其所敖惰而辟焉。故好而知其恶，恶而知其美者，天下鲜矣。故谚有之曰："人莫知其子之恶，莫知其苗之硕。"此谓身不修不可以齐其家。

五个"辟"字，皆是不能格物，故不能致知耳，便是不能齐家之处，何止为身不修耶？莫知子恶，莫知①苗硕，亦是为物所蔽，故不能致其知也。后一反结，最为有力，正显修身为本。

三家国合释。

21 所谓治国必先齐其家者，其家不可教而能教人者，无之。故君子不出家而成教于国：孝者，所以事君也；弟者，所以事长也；慈者，所以使众也。

一一都从修身上说来，玩三个"所以"字，绝不费力。

22 《康诰》曰："如保赤子。"心诚求之，虽不中，不远矣。未有学养子而后嫁者也。

妙在"心诚求之"四字，正与下文"民好""民恶"相合，又与上文五个"辟"字相反。此皆从格物致知，诚意慎独中来。

23 一家仁，一国兴仁；一家让，一国兴让；一人

---

① "知"，原作"致"。

贪戾，一国作乱。其机如此。此为一言偾事，一人定国。尧舜帅天下以仁，而民从之；桀纣帅天下以暴，而民从之。其所令反其所好，而民不从。是故君子有诸己，而后求诸人；无诸己，而后非诸人。所藏乎身不恕，而能喻诸人者，未之有也。故治国在齐其家。

尧舜之仁，不过是格物致知，诚意正心，以修身耳。如此修身，便为天下人榜样，天下人自然从之，何必发号施令哉？"令"字与"帅"字正相反，帅是无心之化，令是有心之求。达得心外无天下，故不必有心求；不知天下在心中，故不能无心化也。

24 《诗》云："桃之夭夭，其叶蓁蓁。之子于归，宜其家人。"宜其家人，而后可以教国人。《诗》云："宜兄宜弟。"宜兄宜弟，而后可以教国人。

二诗皆说修身齐家事耳，而治国便在其中，何必求之于国哉？

25 《诗》云："其仪不忒，正是四国。"其为父子兄弟足法，而后民法之也。此谓治国在齐其家。

其仪不忒，只是修身事耳；正是四国，则天下不难平矣。为人父止于慈，为人子止于孝，为人兄止于友，为人弟止于恭，而后民自法之。可见四国自趋于正，不待我去正他。

四以国与天下合释。

26 所谓平天下在治其国者，上老老而民兴孝，上长长而民兴弟，上恤孤而民不倍，是以君子有絜矩之道也。

老老、长长、恤孤，元即孝、弟、慈三字，只是变却文法耳。"絜矩"二字最妙，只须向自身上推去，便知心佛众生，三无差别。

27 所恶于上，毋以使下；所恶于下，毋以事上。所恶于前，毋以先后；所恶于后，毋以从前。所恶于右，毋以交于左；所恶于左，毋以交于右。此之谓絜矩之道。

正示人絜矩工夫，不是覆解字义而已。

28 《诗》云："乐只君子，民之父母。"民之所好好之，民之所恶恶之，此之谓民之父母。

修二空妙观，如好好色，故无私好；断我法二执，如恶恶臭，故无私恶。无私好，故能民之所好好之，无缘大慈也；无私恶，故能民之所恶恶之，同体大悲也。是谓三界大师，四生慈父。

补注 三界亦名三有，欲界六天，色界十八天，无色界四天，皆以修行功德增高而上，其身长寿命亦皆倍增。然福报尽时，皆堕轮回，皆须归依三宝，方能了脱死生，故佛是三界大师。三界众生，不外胎、卵、湿、化四种，佛等视之如子，拔苦与乐，故佛是四生慈父。

29 《诗》云："节彼南山，维石岩岩。赫赫师尹，民具尔瞻。"有国者不可以不慎，辟则为天下僇矣。《诗》："殷之未丧师，克配上帝。仪监于殷，峻命不易。"道得众则得国，失众则失国。是故君子先慎乎德，有德此有人，有人此有土，有土此有财，有财此有用。

"是故"二字，顶上三"则"字来，紧切之极。不曰"明德"，而曰"慎德"，正显明明德之工夫，全在慎独也。

有德此有人，便为下文用人张本；有土有财，便为下文理财张本。若悟大道，则生财亦大道，不于大道之外，别商生财矣。用人理财，是平天下要务，而皆以慎德为本，皆即慎德中事。谁谓明明德外，更有他道哉？

观心释者，性具三千，名为天下。慎德是先悟性体，用人是智慧庄严，理财是福德庄严。

补注 佛菩萨缘觉声闻之四圣，天人神畜鬼地狱之六凡，为十法界。十法界之一一界，各有如是性、如是相、如是体、如是力、如是作、如是因、如是缘、如是果、如是报、如是本末究竟等之十如。一界各具十界，则有百界千如。假名五阴国土，各具一千，则有三千；理具事造，又各有三千。而唯是一心，故曰"两重三千，同居一念"。两重三千，差别极矣；同居一念，唯是平等。

30 德者本也，财者末也。外本内末，争民施夺。

举本必兼得末，末得而本益荣；逐末必全遗本，本遗而末亦失。观心释者，不悟性德，而修顽福，便成魔业。

31　是故财聚则民散，财散则民聚。

民散，将何以守财？民聚，何忧乎不富？

观心释者，一毫之善，施与法界众生，则能成佛，而九界攸归。

32　是故言悖而出者，亦悖而入；货悖而入者，亦悖而出。《康诰》曰："惟命不于常。"道善则得之，不善则失之矣。《楚书》曰："楚国无以为宝，惟善以为宝。"舅犯曰："亡人无以为宝，仁亲以为宝。"《泰誓》曰："若有一个臣，断断兮无他技，其心休休焉，其如有容焉。人之有技，若己有之；人之彦圣，其心好之，不啻若自其口出。实能容之，以能保我子孙黎民，尚亦有利哉。人之有技，媢嫉以恶之；人之彦圣，而违之俾不通。实不能容，以不能保我子孙黎民，亦曰殆哉。"

前一大臣，由能格物致知，所以纯是无人无我之心。后一奸臣，由其不能格物致知，所以只有分人分我之心。

33　唯仁人放流之，进诸四夷，不与同中国。此谓唯仁人，为能爱人，能恶人。

唯仁人，无爱无恶；亦唯仁人，能爱能恶。仁是性体，无爱无恶是性量，能爱能恶是性具。

34 见贤而不能举，举而不能先，命也。见不善而不能退，退而不能远，过也。

由其不能如恶恶臭，如好好色，以自谦，故不能民之所好好之，民之所恶恶之。

35 好人之所恶，恶人之所好，是谓拂人之性，灾必逮夫身。

不过有所好乐，有所忿懥，则不得其正，遂至亲爱而辟，贱恶而辟耳。可不格物致知，以慎其独哉？

36 是故君子有大道，必忠信以得之，骄泰以失之。

大道，即大学之道。君子，不以位言。忠信，即诚意之异名。直心正念真如，名至诚心，亦名为忠；了知心佛众生，三无差别，名之为信。自恃为骄，骄则不忠；轻他为泰，泰则不信。

37 生财有大道，生之者众，食之者寡，为之者疾，用之者舒，则财恒足矣。

大道，亦即大学之道也。既有大道，何必聚敛哉？生之者众，为之者疾，只是民之所好好之；食之者寡，用之者舒，只是民之所恶恶之。

观心释者，随喜凡圣一毫之善，则生之者众；不向三有，则食之者寡；勤策三业，修行五悔，则为之者疾；不向二乘，则用之者舒。又不向二乘三有，皆是食之者寡；观察三轮体空，则是用之者舒。

补注 身业口业意业为三业。五悔者，天台大师说五种忏悔法，使于昼夜六时修之，名为六时五悔。一忏悔，发露已往之罪，而诫将来也；二劝请，劝请十方如来，以转法轮也；三随喜，于大小一切之善根，随喜赞叹也；四回向，以一切所修之善根，向于众生，又向于佛道也；五发愿，发四弘誓，而导前之四行也。五者皆能悔罪灭恶，故皆名悔。劝请则灭魔王请佛入灭之罪，随喜则灭嫉他修善之罪，回向则灭倒求三界之罪，发愿则灭修行退志之过。

二乘，谓声闻缘觉，但求自度，不发大悲，安于小乘，不求作佛。三轮体空，就布施言，以施者、受者与施物，谓之三轮。此三轮之相存于意中，称为有相之三轮，而非真檀波罗密之行；灭此三轮，住于无心而行之施，为三轮清净之檀波罗密。《金刚经》云："菩萨于法，应无所住行于布施。"檀波罗密，译云布施度也。

38 仁者以财发身，不仁者以身发财。

观心释者，聚财是染污心，修有漏善，长在生死，名为以身发财。不达生财大道，是狂慧枯禅，不能称性修习菩提资粮，不名以财发身。今言生财有大道，即是称性所起，缘因庄严，不向外求。又言以财发身，可见六度万行，阙一不可，不得空谈理性也。

39 未有上好仁而下不好义者也，未有好义其事不终者也，未有府库财非其财者也。孟献子曰："畜马乘，

不察于鸡豚；伐冰之家，不畜牛羊；百乘之家，不畜聚敛之臣，与其有聚敛之臣，宁有盗臣。"此谓国不以利为利，以义为利也。长国家而务财用者，必自小人矣。彼为善之，小人之使为国家，灾害并至，虽有善者，亦无如之何矣。此谓国不以利为利，以义为利也。

此二节以用人理财合说，尤见二事只是一事。须是先慎乎德，方能用人，方能理财。大约贤臣决以爱民为务，聚敛决定便是小人。故仁者只须得一贤臣，则不必聚财而恒足；不仁者只是一味贪财，则小人便得进用而致灾也。

观心释者，由悟法身，方知性具缘了二因；由智慧力，方能炽然修习菩提资粮，而不成有漏有为。

补注 三因佛性，《涅槃经》所说。一正因佛性，离一切邪非之中正真如也，依之成就法身之果德，故名正因佛性。二了因佛性，照了真如之理之智慧也，依之成就般若之果德，故名了因佛性。三缘因佛性，缘助了因，开发正因之一切善根功德也，依之成就解脱之德，故名缘因佛性。三者皆性所具，全性起修，则能成就无漏无为之菩提正道。

菩提者，大觉之称也。因缘离合，虚妄生灭，谓之有为。三界因果，不离烦恼，谓之有漏。若真如之性，即本无漏无为也。

西方哲学经典影印

01. 第尔斯（Diels）、克兰茨（Kranz）：前苏格拉底哲学家残篇（希德）
02. 弗里曼（Freeman）英译：前苏格拉底哲学家残篇
03. 柏奈特（Burnet）：早期希腊哲学（英文）
04. 策勒（Zeller）：古希腊哲学史纲（德文）
05. 柏拉图：游叙弗伦 申辩 克力同 斐多（希英），福勒（Fowler）英译
06. 柏拉图：理想国（希英），肖里（Shorey）英译
07. 亚里士多德：形而上学，罗斯（Ross）英译
08. 亚里士多德：尼各马可伦理学，罗斯（Ross）英译

09. 笛卡尔：第一哲学沉思集（法文），Adam et Tannery 编

10. 康德：纯粹理性批判（德文迈纳版），Schmidt 编
11. 康德：实践理性批判（德文迈纳版），Vorländer 编
12. 康德：判断力批判（德文迈纳版），Vorländer 编
13. 黑格尔：精神现象学（德文迈纳版），Hoffmeister 编
14. 黑格尔：哲学全书纲要（德文迈纳版），Lasson 编
15. 康德：纯粹理性批判，斯密（Smith）英译

16. 弗雷格：算术基础（德英），奥斯汀（Austin）英译
17. 罗素：数理哲学导论（英文）
18. 维特根斯坦：逻辑哲学论（德英），奥格登（Ogden）英译

19. 胡塞尔：纯粹现象学通论（德文1922年版）

20. 罗素：西方哲学史（英文）

21. 休谟：人性论（英文），Selby-Bigge 编

22. 康德：纯粹理性批判（德文科学院版）

23. 康德：实践理性批判 判断力批判（德文科学院版）

24. 梅洛－庞蒂：知觉现象学（法文）

西方科学经典影印

1. 欧几里得：几何原本，希思（Heath）英译
2. 阿基米德全集，希思（Heath）英译
3. 阿波罗尼奥斯：圆锥曲线论，希思（Heath）英译
4. 牛顿：自然哲学的数学原理，莫特（Motte）、卡加里（Cajori）英译
5. 爱因斯坦：狭义与广义相对论浅说（德英），罗森（Lawson）英译
6. 希尔伯特：几何基础 数学问题（德英），汤森德（Townsend）、纽苏（Newson）英译
7. 克莱因（Klein）：高观点下的初等数学：算术 代数 分析 几何，赫德里克（Hedrick）、诺布尔（Noble）英译

西方人文经典影印

01. 拉尔修：名哲言行录（希英对照）[待出]

02. 弗里曼（Freeman）英译：前苏格拉底哲学家残篇

03. 卢克莱修：物性论，芒罗（Munro）英译
   爱比克泰德论说集，马可·奥勒留沉思录，乔治·朗（George Long）英译

04. 西塞罗：论老年 论友谊（拉英对照）[待出]

05. 塞涅卡：道德文集（拉英对照）[待出]

06. 波爱修：哲学的慰藉（拉英对照）[待出]

07. 蒙田随笔全集，科顿（Cotton）英译

08. 培根论说文集（英文）

09. 弥尔顿散文作品（英文）

10. 帕斯卡尔：思想录，特罗特（Trotter）英译

11. 斯宾诺莎：知性改进论 伦理学，埃尔维斯（Elwes）英译

12. 贝克莱：人类知识原理 三篇对话（英文）

13. 马基亚维利：君主论，马里奥特（Marriott）英译

14. 卢梭：社会契约论（法英），柯尔（Cole）英译

15. 洛克：政府论（下篇）论宽容（英文）

16. 密尔：论自由 功利主义（英文）

17. 潘恩：常识 人的权利（英文）

18. 汉密尔顿、杰伊、麦迪逊：联邦论（英文）[待出]

19. 亚当·斯密：道德情操论（英文）[待出]

20. 亚当·斯密：国富论（英文）

21. 荷马：伊利亚特，蒲柏（Pope）英译

22. 荷马：奥德赛，蒲柏（Pope）英译

23. 古希腊神话（英文）[待出]

24. 古希腊戏剧九种（英文）

25. 维吉：埃涅阿斯纪，德莱顿（Dryden）英译

26. 但丁：神曲（英文）

27. 歌德：浮士德（德文）

28. 歌德：浮士德，拉撒姆（Latham）英译

29. 尼采：查拉图斯特拉如是说（德文）

30. 尼采：查拉图斯特拉如是说，康芒（Thomas Common）英译

31. 里尔克：给青年诗人的十封信 杜伊诺哀歌 致俄耳甫斯的十四行诗（德文）

32. 加缪：西西弗神话（法英），贾斯汀·奥布莱恩（Justin O'Brien）英译

33. 荷尔德林诗集（德文）

34. 普鲁塔克：希腊罗马名人传，德莱顿（Dryden）英译

唯识学丛书

中国近现代哲学

01.熊十力　新唯识论（批评本）

02.胡　适　说儒

03.马一浮　泰和宜山会语　法数钩玄

04.汤用彤讲西方哲学

05.国学到底是什么

06.阳明心学得失论

07.熊十力　心书　尊闻录

08.王恩洋　新理学评论　儒学中兴论

09.太虚讲国学哲学

10.王国维哲学论著集

11.章太炎文选

12.梁启超　新民说

13.谭嗣同　仁学

14.鲁　迅　坟　热风

中国古代哲学典籍丛刊

1.〔明〕王肯堂 证义，倪梁康、许伟 校证：成唯识论证义

2.〔唐〕杨倞 注，〔日〕久保爱 增注，张觉 校证：荀子增注 [待出]

3.〔清〕郭庆藩 撰，黄钊 著：清本《庄子》校训析

4. 张纯一 著：墨子集解

徐梵澄著译选集

1.尼采自传（德译汉）

2.薄伽梵歌（梵译汉）

3.玄理参同（英译汉）

4.陆王学述

5.老子臆解

崇文学术译丛·西方哲学

1. 〔英〕W. T. 斯退士 著，鲍训吾 译：黑格尔哲学
2. 〔法〕笛卡尔 著，关文运 译：哲学原理 方法论
3. 〔德〕康德 著，关文运 译：实践理性批判
4. 〔英〕休谟 著，周晓亮 译：人类理智研究
5. 〔英〕休谟 著，周晓亮 译：道德原理研究
6. 〔美〕迈克尔·哥文 著，周建漳 译：于思之际，何所发生
7. 〔美〕迈克尔·哥文 著，周建漳 译：真理与存在
8. 〔法〕梅洛-庞蒂 著，张尧均 译：可见者与不可见者[待出]

语言与文字

01. 〔法〕梅耶 著，岑麒祥 译：历史语言学中的比较方法
02. 〔美〕萨克斯 著，康慨 译：伟大的字母
03. 〔法〕托里 著，曹莉 译：字母的科学与艺术[待出]
04. 〔英〕麦克唐奈（Macdonell）：学生梵语语法
05. 〔法〕迪罗塞乐（Duroiselle）：实用巴利语语法
06. 〔美〕艾伦（Allen）、格里诺（Greenough）：拉丁语语法新编
07. 〔英〕威廉斯（Williams）：梵英大词典
08. 〔美〕刘易斯（Lewis）、肖特（Short）：拉英大词典
09. 〔瑞士〕索绪尔（Saussure）著，〔美〕巴斯金（Baskin）译：普通语言学教程[待出]
10. 〔丹麦〕叶斯柏森（Jespersen）著：语法哲学[待出]

武内义雄文集

1. 中国思想史
2. 论语之研究
3. 老子原始
4. 中国学研究法

生命文化丛书

1. 谢 观 中国医学源流论

出品：崇文书局人文学术编辑部

联系：027-87679738，mwh902@163.com

我
思 ®

敢于运用你的理智